聪明人的一张纸工作整理术 完美图解

[日] 高桥政史 / 著　易　哲 / 译

[図解]すべての仕事をスッキリ
「紙1枚!」にまとめる整理術

CNS PUBLISHING & MEDIA 中南出版传媒
湖南文艺出版社 HUNAN LITERATURE AND ART PUBLISHING HOUSE
博集天卷 CS-BOOKY

图书在版编目（CIP）数据

聪明人的一张纸工作整理术：完美图解/（日）高桥政史著；
易哲译. —长沙：湖南文艺出版社，2017.3
ISBN 978-7-5404-7934-3

Ⅰ. ①聪… Ⅱ. ①高… ②易… Ⅲ. ①工作—效率—图解
Ⅳ. ①C935-64

中国版本图书馆CIP数据核字（2017）第005493号

著作权合同登记号：18-2016-185

ZUKAI SUBETENO SHIGOTO WO SUKKIRI ‘KAMI 1 MAI’ NI MATOMERU SEIRIJUTSU
©MASAFUMI TAKAHASHI 2016
Originally published in Japan in 2016 by PHP Institute, Inc.，TOKYO,
Simplified Chinese translation and publication rights arranged with PHP Institute, Inc.，TOKYO,
through TOHAN CORPORATION, TOKYO.
上架建议：商业·励志

CONGMING REN DE YIZHANG ZHI GONGZUO ZHENGLI SHU：WANMEI TUJIE
聪明人的一张纸工作整理术：完美图解

作　　者：［日］高桥政史
译　　者：易　哲
出 版 人：曾赛丰
责任编辑：薛　健　刘诗哲
监　　制：毛闽峰　赵　萌　李　娜　刘　霁
特约策划：杨清钰
特约编辑：马玉瑾
营销编辑：贾竹婷　雷清清
版权支持：闫　雪
封面设计：仙　境
版式设计：利　锐
出版发行：湖南文艺出版社
（长沙市雨花区东二环一段508号　邮编：410014）
网　　址：www.hnwy.net
印　　刷：北京嘉业印刷厂
经　　销：新华书店
开　　本：880mm × 1270mm　1/32
字　　数：125千字
印　　张：6
版　　次：2017年3月第1版
印　　次：2017年3月第1次印刷
书　　号：ISBN 978-7-5404-7934-3
定　　价：42.00元

质量监督电话：010-59096394
团购电话：010-59320018

前言

“一张纸”帮你顺利搞定一切！

你擅长整理吗？

“整理”这个词有很多含义。

- 整理桌子、打扫房间
- 梳理头脑中的思绪
- 提高吸收知识和信息的效率
- 快捷有效地向别人传递观点

…………

工作上、学习中、我们的人生里处处都有不得不整理的时候。在这本书中，我将会为大家介绍各种整理方法，这些方法让你用一张纸就能应对各式各样的需要整理的时刻。

在丰田（TOYOTA，日本汽车制造公司）和P&G（宝洁公司）等大型公司中，这种“一张纸整理术”得到了彻底执行。为什么会这样？

这是因为他们认为“只要抓住了事情的要领，无论是策划书还是汇报资料，肯定都能整理得短小精悍”。如果你办不到，公司就会认为这说明你在整理方面欠缺“思考能力”、“实际操作的能力”不足、“提高效率的意识”不强。

通过用“一张纸整理术”来整理工作，可以培养你整理事务的“思考能力”“操作能力”以及“提高效率的意识”。你手上的工作也能因此变得更加简单易行。

比如，如果你的上司给你下达了这些任务：

“3分钟之内把策划案做出来给我。

“接下来的1小时内把这800页的资料总结成3分钟的演讲资料汇报给我。

“30分钟内将演讲资料做出来。

“在明天开会之前想出100个促销的点子。”

如果遇到这些情况，你该怎么办？

使用了本书中介绍的模板，对于以上这些苛刻的要求，你通通都可以用一句话回应——“好了，我已经全部整理在这一张纸上了”。

在这本书的第1章和第2章中，我介绍了7个通过一张纸来整理归纳的模板（FORMAT）。这7个能够帮助你提升工作效率的模板，它们分别是：

1. 锻炼思考能力和假设能力的“S的便笺”模板
2. 3分钟就能制作完资料的“16分割笔记”模板
3. 一本书15分钟搞定的“阅读克星（Killer Reading）法”模板
4. 最快速的职务交接法“一张纸交接地图”模板
5. 会议时使用的“Mapping Communication（议程地图）”模板
6. 制作理论报告书用的“Mapping 1・2・3”模板
7. 更高级的“故事型演讲”模板

在第3章和第4章中，我将介绍能让你在短时间内吸收书本和资料中的知识与信息，并且立刻在工作中学以致用的“整读法”，以及与其配套的7种模板：

1. 快速行动！“行动阅读（Action Reading）法”模板
2. 解决！“解决问题阅读（Solution Reading）法”模板
3. 视点！“突破阅读（Breaking Reading）法”模板
4. 原理阅读！“原理阅读（Principle Reading）法”模板
5. 本质！“万能钥匙阅读（Master Key Reading）法”模板
6. 人生之师！“《圣经》阅读（Bible Reading）法”模板
7. 罗盘针！“预见阅读（Visionary Reading）法”模板

你只需要准备一张纸。所有模板制作都非常简单，便笺一张、A4或A3纸一张、笔记本纸一张就足够了。

通过阅读本书，你可以学到透过现象看本质的思考方法，能够用简单易懂的方式向人传递信息的技巧，果断做出取舍的能力，由此你将大幅度提升工作效率，做出成绩，收获认可，你的动力也会不断增强。由此，你将开启一个良性循环。

而这个良性循环的关键之处就是“整理”。所谓“整理”，说得最直白就是“将复杂的事情简单化”。这就是整理的本质。

复杂的事情简单化之后，一切就开始顺利运转。事情进展得顺利，你的思路也会变得更清晰，你的工作则会因此变得更顺利。

那么，到底什么样的技巧能够帮助我们达到这个境界呢？

请你立刻翻开这本《聪明人的一张纸工作整理术：完美图解》吧！

Contents

目 录

第1章 所有的工作都可以归纳到一张纸上

第 3 章　15 分钟阅读一本书，把要点归纳到一张纸上

第 4 章 将书本知识在工作中学以致用的阅读方法

第1章

所有的工作都可以归纳到一张纸上

01 1个小时 搞定两天工作量的方法

◇高效人士使用的“预告片”制作方法

【我苦战了两天的策划案，结果1个小时就搞定了】

有一次，我在咨询公司花了整整两天时间来制作需要提交给客户的策划案。那时我已经加班到深夜2点，而提交给客户的截止时间是第二天早上10点钟，只剩8个小时就得提交策划案。最终我只好举手投降。

我找上司诉苦：“不行了，我已经到极限了。”上司二话没说，拿出一张白纸：“所以我告诉过你，不要一开始就坐到电脑面前。”

“看清楚哟，这个是处于中心位置的课题对吧？那么也就是说……”他一边解释，一边开始帮我整理策划案。

“这份报告中最重要的点是什么？对客户来说最有价值的是这个，对不对？那么，你应该围绕的中心信息就是这个。

“这样一来，大致上是不是可以变成这样一个故事？把这些作为框架（概要），然后就看你如何按照这个框架添加相关资料。

“把内容大致分为A、B、C 三个部分。接下来，判断重要的素材有哪些？哪些是不可或缺的？

“剩下的素材基本上都派不上用场。不需要的就通通删掉。”

这样一来，我花了两天的时间也没能整理出来的策划案，上司花了短短15分钟的时间，就有条不紊地把它整理到一张纸上。

随后，我就以这张纸为提纲开始制作宣讲资料，竟然不到1个小时就完成了任务。

【如同电影拍预告片一样，我们也要先提出一个“假设”】

面对我的难题，上司采取了什么解决方法？

首先他提出了假设，然后根据这个假设判断素材的重要性，决定哪些素材可以删去，哪些素材需要保留。有了他的这一步，让我从先前一眼望不到头的状态中跳出来，瞬间感觉前方柳暗花明。

这个方法也称为**“假设思考”**，就是一种先提出假定的结论，然后朝着这个假定结论开展工作的方法。

如果把我所做的工作比喻为电影“正片”的话，上司所做的就是制作这部电影的“预告片”。

比如，假设你需要制作演讲用的资料，如果在还没有整理好要点的时候，就直接坐到电脑面前，那么你很有可能像当时的我一样，陷入一眼望不见出口的迷宫之中。

可是，如果有了“预告片”，你就能看到故事的脉络与走向，因此只要将需要的内容填充进去，就能轻而易举地将资料制作出来。

这里的关键在于制作“预告片”，也就是说——提出假设。没有提出假设这一步，你既不能将课题分门别类，也无法判断内容的重要程度，并因此做出取舍。

“提出假设”其实也就是要你建立预期。只有看见了“出口”，才有可能朝着那个方向整理课题。

在下一节中，我会为大家介绍提出假设时使用的“S便笺”模板。

1　首先，对工作做一个预测（假说）

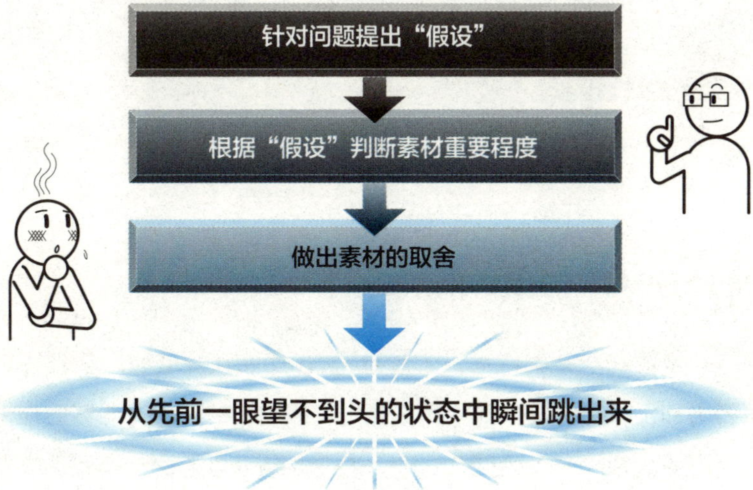

POINT

提出了假设后，你就能够根据假设对问题或课题进行整理。

02 用“S便笺”模板制作“预告片”

◇一张便笺整理好5个要素，实现100%高效率工作

【用5个图标和一个空白栏来制作模板】

如果能在一开始就提出“假设”，你便能在短时间内整理完毕策划书和汇报用的资料等。在你提出“假设”的时候，能够助你一臂之力的就是这个“S便笺”（其中“S”的含义我在之后会跟大家介绍）。而“便笺”就是指我们平日里使用的便笺纸。

第9页中展示的就是“S便笺”的模板。这个简单的模板利用插图（图标）表示5个要素，图标下面还设置了填写用的空间。

你把一张便笺纸（宽5cm，长10cm左右）分为5个要素栏，然后在每一栏里填入对应的要素，你今后需要解决的问题就一目了然。

在开始工作之前，准备好“S便笺”，然后填入下面这5个要素：

①谁的?

填入你工作的对象，“A某某”“B公司”“C部门”等等。

是为谁做的策划书？策划书的目的是要提出方案？还是为了解决问题？或者是为了汇报工作？你需要明确你的对象的目标。

②什么?

在这一栏中，你要填入在①栏里明确的对象的现状。所谓现状，就是你的对象的需求：

- 现在，你的对象有什么烦恼?
- 你的对象有什么困难?
- 你的对象的理想状态是什么?

…………

③怎样做?

怎样才能满足对象的需求？在这一栏里填入你的解决方案。

④怎么样?

解决方案实施之后，会带来怎样的结果？在这一栏里填入你理想的未来效果。

⑤总之?

在①到④栏的基础上，明确“结论是什么”。在这一栏里填入策划案和提案的结论。

像这样使用“S便笺”，建立起你的假设。

【使用“S便笺”后，3个S清晰明了】

在“S便笺”中填入工作的五个要素后，你就能看到“3个S”。

这3个S分别是：

Solution（问题解决）

Story（故事）

Simple（简洁）

在开始工作之前，你通过填写“S便笺”中的五个要素栏，你就将如何解决客户所面临的困难（Solution），解决困难之后会有怎样的理想效果等内容整合成了一个连贯的故事（Story），工作的预期效果便清晰可见，事情开始变得简单明了（Simple）。

这就是“S便笺”这个名字中S的由来。然后，你按照这个“S便笺”开展工作，一切都会进展顺利，最终获得成功（Success）。

在下一节中，我将会给大家展示具体案例。

2 “S便笺”的模板

这个简单模板利用了插图（图标）表示 5 个要素，图标下面还设置了填写的空间。

主题：			日期：	
① 谁的?	② 什么?	③ 怎样做?	④ 怎么样?	⑤ 总之?

填入A先生、B公司等工作对象

填入对象（谁）的现状

填入解决的方案

填入未来理想的状态

明确“结论是什么”

填入5个要素后，
你就能将课题和问题的要点整理清楚

POINT

在“S便笺”中填入5个要素，Solution（问题解决）、Story（故事）、Simple（简单）这三个S就清晰明了了。

03 用“S便笺”制作出畅销策划案！

◇这就是能让你轻松制作出策划案的方法

【试着制作新人培训的策划案】

假设你是人事部门的培训担当。公司命令你制作出今年的新人培训方案。

突然接到这个让你制作培训方案的任务，你恐怕会有些不知所措，但是如果你使用了“S便笺”模板，一切就能简单搞定。

首先，让我们马上将五个要素填入模板之中。

①**谁的？**新人职员工

②**什么？**最想强化的东西

③**怎么做？**怎样的培训

④**怎么样？**培训后的结果

⑤**总之？**培训的主题

这样一来，即便是像“新人培训”这样一个大范围的主题，你也能够把解决问题方案的概要变为一个类似于故事的东西。（请参考第13页中填入的内容。）

接下来，我们再试着做一个“针对想减肥人群的沐浴新产品开发”的策划案。

在你手中有一个配方的资料，该配方混合了64种草本植物，并取得了国际专利。运用这个技术，你会策划出怎样的商品呢？

让我们来具体分析一下。

①**谁的？**想减肥的人，20岁到30岁年龄段的女性。

②**什么？**他们尝试了各种各样的减肥方法，却没有达到预期的效果，为此烦恼不已。

③**怎么做？**只需要沐浴就能得到明显的减肥效果。秘密就在这种融合了64种草本植物并获得了国际专利的沐浴产品。

④**怎么样？**100个试用者在两周时间内平均瘦了4斤。

⑤**总之？**在沐浴时使用了这种“含有64种草本植物并获得国际专利的沐浴产品”，你就能减肥成功。

首先，你如果能在3分钟的时间内整理到这个程度，策划书的“假设”设定就算成功了。

“假设”终归是“假设”的结论，我们之后再回来修正也没有关系。面对一个课题时，不要一味抱着脑袋烦恼不已，而要迅速建立“假设”，这一点尤为重要。

使用了“S便笺”，修正假设的时候，5个要素中哪里有错误，你也能一目了然，修正起来便有条不紊。

【为什么畅销？对畅销产品进行分析】

在之前的章节中，我谈到“假设”就相当于电影的预告片。

看了电影的预告片，你大概就知晓这部电影讲了什么内容。同样的道理，如果你准备好“S便笺”，只需要1分钟，你就可以整理出针对自己目前面临的问题所应该采取的方法。

“S便笺”模板不但能帮助你建立假设，还能作为你分析的工具。

比如说，你有感兴趣的畅销商品，想要进一步分析该商品之所以畅销的原因，这个时候你就可以使用“S便笺”模板。你可以从客观的角度对商品进行分析，因此你肯定会发现之前没留意的新视角。

3 策划“新人培训”和“新商品”

● 用“S便笺”来策划新人培训项目

主题：新人培训项目			日期：2016/1/20	
谁的？	什么？	怎么做？	怎么样？	总之？
今年的新人 等待指示 信息过多 分析能力不足	两个难点 隔阂 沟通不畅	意识到两个难点 通过一张纸 （沟通途径） 来突破难点	不被信息所困，把握重要的内容，将其总结在一张纸上	主题 4倍速度的90员工 Input Output （投入产出）

● 用“S便笺”来策划新沐浴产品

主题：沐浴液的新产品计划			日期：2016/3/20	
谁的？	什么？	怎么做？	怎么样？	总之？
20岁到30岁想减肥的女性	尝试了各种各样的减肥方法，但依旧不成功	只需要通过沐浴就可以消除烦恼，含有64种草本植物并获得国际专利的沐浴液	对100人进行了调查，两周内平均瘦了4斤	只需要在沐浴时使用这种“含有64种草本植物并获得国际专利的沐浴产品”，你就能减肥成功

POINT

假设终归是“假设”的结论，之后再回来修正也没有关系。迅速建立起“假设”，这一点尤为重要。

04 “16分割笔记”让信息整洁清爽

◇口袋大小的记事本进化为最强整理工具

【通过用两页笔记本纸来收集整理信息】

在上一节里，我们用“S便笺”来建立了假设。接下来，我们需要的是能支持和充实这个假设的信息。

在收集和整理信息时，我一般使用的方法是“16分割笔记法”。

“16分割笔记法”是一个简单的工具，将普通记事本的左右两页（对开页）作为一张纸，分为16个方格来使用。它具有以下这些优点：

①因为记事本方便携带，你可以在任何时间地点使用。

②可以像便利贴一样，一个方格存储一个信息。

③跟笔记本一样，可以让你同时对所有信息一目了然。

像这样，“16分割笔记”同时具有了记事本的“机动性”，又有便利贴的“方格单元”，还有笔记本的“作业性”等三个优点。“16分割笔记”的模板如第17页中所示。

首先，我来介绍它的使用方法。

【用颜色将15个点子区别分类，建立联系】

“16分割笔记”以两页笔记本纸作为单位使用。原则是首先在第一个方格中填入主题。这一招可以让你的笔记技巧达到以往笔记中无法达到的高度。

在16个方格中的左上角方格中填入主题（标题）和日期，然后在剩下的15个方格中填入想法。

你记录了主题和日期，即使以后笔记越积越多，这些记录下的主题和日期也能作为索引使用。这15个方格填入后，就让各种各样的组合变得简单。你将一个个点子通过不同的颜色区分开来，然后建立它们之间的联系，这一方法可能会激发新的创意。

做这项工作时，如果你使用的是平日里那种记录大段文章的横线条记事本的话，查找与主题相关的点子时，你就必须四处翻找。但用了“16分割笔记”，在翻开的两页纸上你就可以一览15个点子。

你还可以使用“颜色编码”。

所谓“颜色编码”，就是“让颜色来代表某些意义”。比如说，信号灯的绿色表示“前进”；黄色表示“注意”；红色表示“止步”；看一眼颜色，你就能立刻明白其所代表的意思。同样的道理，你如果通过自己设立的颜色编码来进行信息分类，在搜索资料时就非常便利。

颜色分类的时候，我通常使用的是荧光笔。我也推荐大家使用荧光笔，因为使用荧光笔后能让笔记看起来一目了然，搜索起来也更加容易。在这里我给大家介绍我自己的颜色编码，仅供参考。

红色——最重要的内容

黄色——感兴趣的信息

蓝色——自己正在着手做的题目

绿色——发现后想记录下来的信息

金色——特别的主题

你也设定一组自己的颜色编码试一试吧。

4 “16分割笔记”的特长

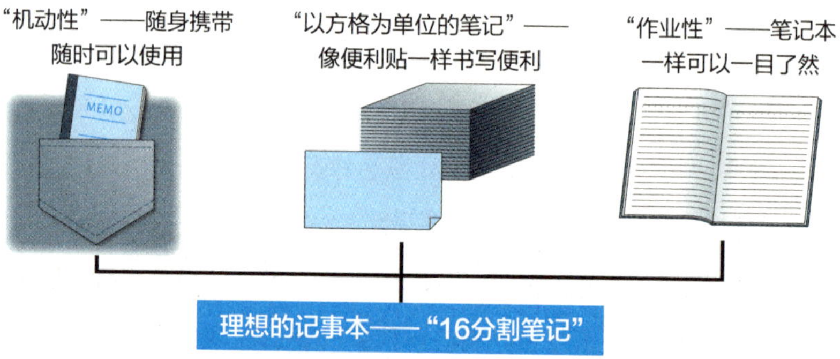

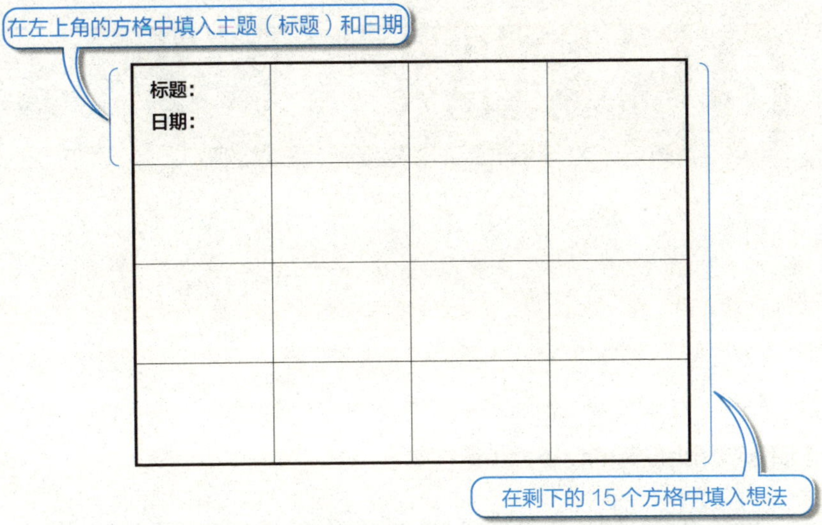

POINT

使用“16分割笔记”来收集（整理）信息支持假设和充实假设。

05 立即可以实践的“16分割笔记”！

◇使用框架，效果显著，思路清楚

【制作市场上没有的口袋大小记事本】

让我来为大家介绍“16分割笔记”的制作方法。

首先，准备一个没有网格线的笔记本。无论哪个厂家生产的都可以，只要大小能够放进口袋里，随时能够拿出来书写就可以。把对开（左右两页）的页面用尺子对着画线分为16等份。

首先画横线，然后再竖着画两条线。

这样就分为了8等份。然后画两条横线，于是，16等份就画好了。之所以要分为16等分，是因为有了框架（frame）会更容易想出点子来。

正如第21页图中所示，没有框架的记事本和有框架的记事本，你看看，哪一个更容易想出点子来呢？

我在讲座等场合中做过实验，大部分参与者都认为有框架的笔记本能更容易填入点子。人就是这样一种动物，有了框架就想去填充。

在前面的一节中，我给大家介绍过“16分割笔记”有便利贴的优点。便利贴——就是一种容易激发创意的工具。

当你在思考点子的时候，到底是一张空白的纸比较容易激发你的想象力，还是便利贴呢？我想，还是便利贴吧。

“16分割笔记”的原型，实际上就是便利贴。

第一次使用便利贴的时候，我曾感到十分惊讶。那时，我用白色笔记本来思考创意，正一头雾水，不知所措，而使用了便利贴这种小纸片（框架），我却能够毫无压力地想出创意。

通过在一个方框里面填入一个点子，你就更能将注意力集中在思考创意这件事情上。

【方框的线不要用黑色，而要用淡蓝色或者淡绿色】

在笔记本上画线的时候，最好不要用黑色笔，用其他浅颜色的笔更好。我一般用淡蓝色或者淡绿色的笔来画线。这样一来，我在思考创意的时候，线条不会太干扰我的视线。

在上一节中，我介绍了颜色编码。一般来说，看起来清爽简洁的东西能够提升人的注意力和理解力。不单是在做“16分割笔记”的时候，在任何需要输入信息或者输出信息的时候，我们都要考虑到事物整体对视觉的影响力。

虽然，我把这个笔记法叫作“16分割笔记法”，但是你当然也可以根据自己的情况增加方框的数量。增加线条，将方框缩小，可以变为32个，甚至是64个方框。

相反，减少线条后，也可以变为“4分割笔记”。

这些大小的方格，如果用便利贴的大小来表示的话，就大约等同于如下这些便利贴：

4分割（大号便利贴）

16分割（中号便利贴）

32分割（小号便利贴）

64分割（迷你便利贴）

5 制作“16分割笔记”的方法

① 准备口袋大小的记事本

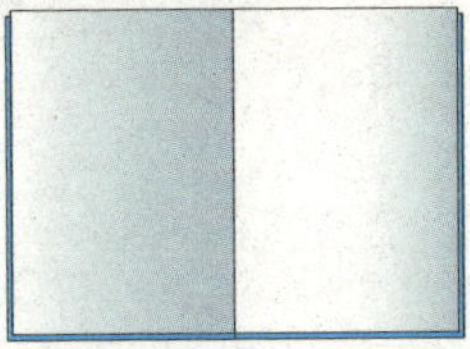

② 在展开的左右两页中画一条横线（4分割）

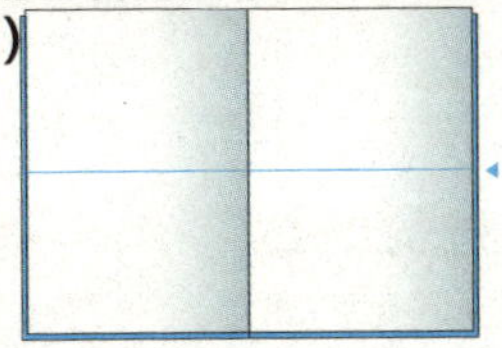

③ 竖着画两条线（8分割）

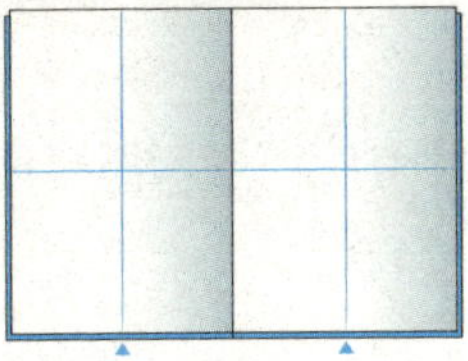

④ 再画两条横线（16分割）

用彩色笔来画线，思考创意的时候，笔记本上的线就不会干扰视线。

●有了方框更容易想出创意

× 没有方框的笔记本

有方框的笔记本 ○

一个方框填入一个点子，更能将注意力集中在思考创意这件事情上

> **POINT** 在输入信息或者输出信息的时候，请把视觉影响力考虑在内。

06 3天读完30本书的“阅读克星（Killer Reading）法”

◇企业顾问超速阅读秘诀

【阅读大量的资料之后，把要点总结到一张纸上】

接下来，我为大家介绍一种将书籍或资料上的信息归纳到一张纸上的方法。

身为企业顾问的我，平日里需要在有限的时间内阅读大量的资料，并且从中提取精髓。每次承担新项目时，我就必须阅读成堆的有关这个行业和企业的资料。

比如，我曾经承担某住宅厂家的新项目时。

接到项目，我立刻安排了在客户单位召开公听会和与客户管理层的面谈会议。我必须在会议之前浏览关于房地产行业以及关于这家公司的相关资料和书籍，并且开展相关的调查。

那时，我足足看了六十多本书。

你觉得我花了多长的时间？

我花了两三天的时间。因为我还有其他的工作，所以我必须利用工作空隙去阅读六十多本书。

【用15分钟阅读一本书，用1分钟阐明要点】

刚成为企业顾问的时候，我心想：天啊！要读这么多的资料和书籍，根本不可能！

而且顾问不单需要浏览，还得将书中内容进行简单的归纳总结。

虽然，公司要求书写简洁，但我总结出来的资料还是多达几十页。

除此之外，我还要准备一页文书，将这几十页的内容总结在这一张纸上，并且该文书必须能让人一看便领悟其中要点。

在前面我提到过，为了完成这个任务我花了两三天的时间。怎么做才能达到这样的效果呢？

接下来我要给大家介绍的这个“阅读克星（Killer Reading）法”就是我从亲身经验中总结的高效提取信息的方法。

按照这个模板进行阅读，你将能在15分钟之内读完一本书，并将该书的要点归纳到一张纸上，1分钟内便能言简意赅地说明其内容。

换句话说，你也就能将一本书的精华归纳到一张纸上，告诉人们“该书的内容就在这么一张纸上”。

“阅读克星（Killer Reading）法”的模板如第25页所示。

首先，我们来制作模板。我们需要准备一个没有网格线的记事本，一个对开页用来记录一本书。

左边的页面用来制作为“16分割笔记”。

右边页面的上面设置一个空间来标注书名和日期。

在它下面画3个圆，组成一个三角形。

这样模板便完成了。

在下一节中，我会为大家讲解“阅读克星（Killer Reading）法”模板的具体使用方法。

6 “阅读克星（Killer Reading）法”的模板

准备一个没有网格线的记事本。一本书使用一个对开页。

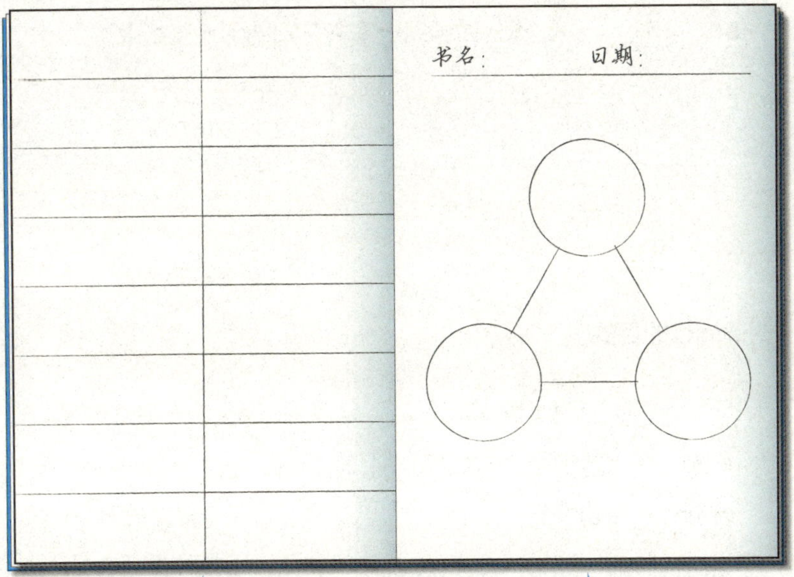

左边的页面用来制作为16分割笔记

右边页面的上面设置一个空间来标注书名和日期
在它下面画三个圆，组成一个三角形

POINT

按照模板进行，一本书就能在15分钟之内读完，并将该书的要点总结在一张纸上，1分钟之内便能简单说明其内容。

07 实践“阅读克星（Killer Reading）法”的4个步骤

◇15分钟读完一本书并归纳到一张纸上

【明确阅读的目的】

“阅读克星（Killer Reading）法”分四步完成。

首先，在模板中写上书名和日期。

步骤 1：提出问题

在阅读之前，你第一步要做的是——提出“问题”。

“问题”就是你想咨询作者的事情，也就是你阅读本书的收获。

把这个“问题”填在模板的三角形正中央。通过这个方法来明确你想通过阅读这本书所得的收获。

“问题”的设定需要非常具体。这与谷歌上输入关键词查询同理，如果你的关键词比较暧昧的话，就很难搜索到你想要的网站。那么，我们应该怎样提出“问题”呢？

假设你是酒店的经营管理者。出于工作的原因，在阅读某个酒店行业管理顾问撰写的书籍，如果只是提出“提高营业额的秘诀是什么？”这样的问题会太过抽象，可能得不到满意的答案。

相比之下，“在盂兰盆节（又称中元节，是祭祀祖先、祭拜孤魂野鬼的日子）过后的闲散期内，什么样的促销方案才能提高销售量？”这个问题才能更容易得到确切的答案。

【把通过阅读得到的答案整合成一条信息】

步骤2：抽选出16个关键词

接下来的这15分钟是决定胜负的关键时间。我们开始进入“筛选16个关键词”这一步。“问题”就是接收所需信息的“天线”。为了提升接收效果，我们需要找出16个关键词。大脑中带着疑问之后，虽然视线会自然地去搜寻与之相关的信息，但如果我们更进一步设定了16个关键词，你将能离需要的信息更近。

这一步中，你需要一边翻阅目录和正文，一边寻找与“问题”相关的关键词，并以20秒找到一个关键词的速度，记录在第29页中的16个空格之中。

步骤3：从中筛选出最重要的3个关键词

挑出16个关键词之后，我们终于可以开始认真阅读书中的内容。

剩下只有10分钟左右的时间，因此我们没法进行一字一句阅读，只能一边大致扫视，一边从先前设定的十六个关键词中筛选出最重要的3个关键词，并把它们填入三角形的3个角上的圆圈之中。

请务必选出最能够代表答案的关键词。这样在总结书本内容的时候，还有输出内容的时候，才能够充分发挥其威力。

步骤4：整合为一条信息

最后一步是整合信息。把能够回答之前问题的答案整合为一条信息。要达到这种效果——“从这个‘问题’的视角，从这本书中凝结这样的精髓，也就是这么一句话……”——将其用你自己的语言变成这样一条你自己的信息，并且填入模板中。

有了以上这些过程，你就能在15分钟之内从一本书中挑出你需要的信息了。

7 整合“阅读克星（Killer Reading）法”的关键词的4个步骤

1. 提出问题

在三角形的中央，填入“问题”（想向作者询问的东西，想从这本书中得到的东西）

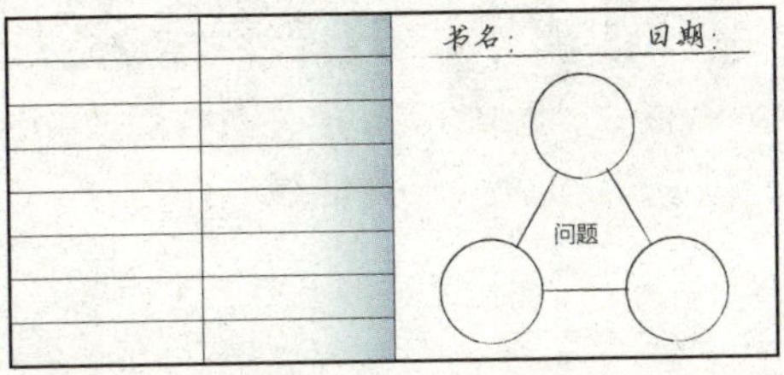

2. 抽选出16个关键词

迅速翻动目录和正文，寻找与问题相关的关键词（按照20秒钟找一个关键词的速度）

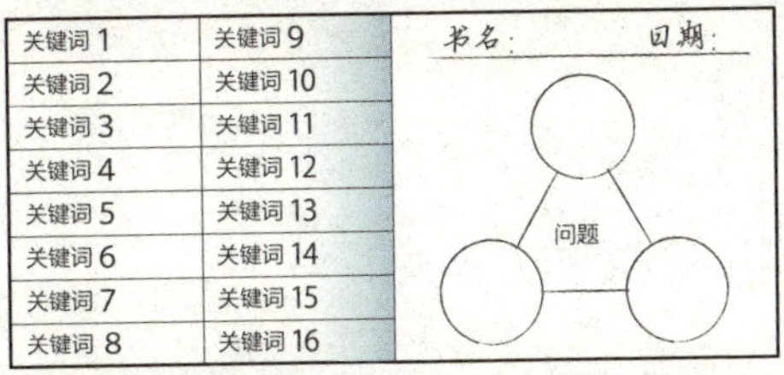

3. 浓缩到3个关键词

用10分钟的时间把全书翻阅一遍，然后将之前的关键词浓缩到3个，分别填入三角形的圆圈中

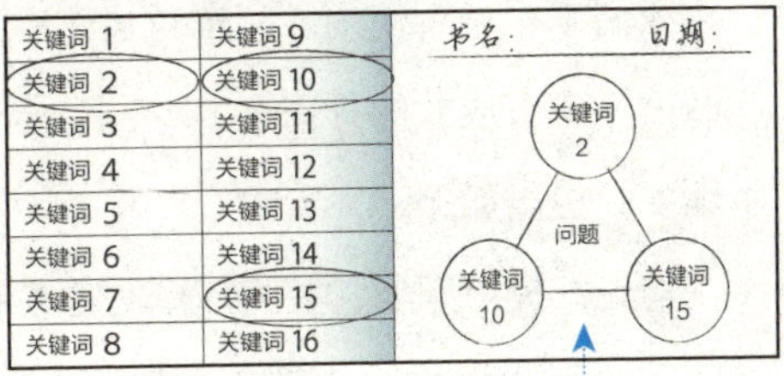

4. 整合为一条信息

将回答问题的答案整合为一条信息，填入模板中

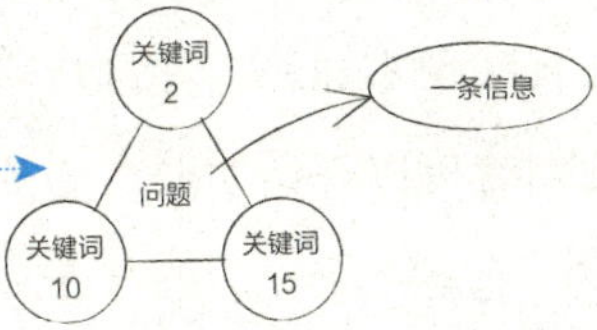

POINT 提出“问题”，用15分钟阅读，整合出一条信息来回答这个“问题”。

08 如果用15分钟就能阅读完德鲁克①

◇从《卓有成效的管理者》一书中归纳出的一条信息

【实现零加班的方法】

我们来举一个使用“阅读克星（Killer Reading）法”的实例，一起阅读《卓有成效的管理者》②一书。

步骤 1：提出问题

首先，提出问题，并将问题写在模板中的三角形中央。

在这里我提出了这样一个问题——“哪三个关键点和一个行动能够让我实现零加班，并且从明天开始就能实践？”提出这个问题后，我们就可以开始实践型阅读，将书中作者的想法在工作中学以致用。

---

① 德鲁克：彼得·德鲁克（Peter F. Drucker，1909—2005），现代管理学之父，著有《管理的实践》《卓有成效的管理者》等，其著作影响了数代追求创新以及最佳管理实践的学者和企业家。

②《卓有成效的管理者》：*The Effective Executive*，中文版2009年由机械工业出版社出版。该书论述了一个管理者如何做到卓有成效。这本书是德鲁克最著名的管理学著作之一。

步骤2：抽选出16个关键词

这一步把时间限制在15分钟以内。一边看目录，一边将与问题相关的关键词选出来，主要以专有名词、数字、格言或者让你心动的内容为中心。

在这里我选出了以下16个关键词：

“被丘吉尔称为‘核心人物’的哈里·霍普金斯”

“日程化天才般的工作”

“关注你自己的时间”

“优先顺序”

“无聊的组织”

“时间和记录”

…………

步骤3：从中筛选出最重要的3个关键词

浏览以与16个关键词相关的地方为中心，把重要的关键词用红色圆圈圈起来，在有新发现的地方添加备注，把16个关键词浓缩到3个。

要点在于把作者的语言转变为自己的语言。这样一来，你就可以用自己的语言进行思考，而非现学现卖拾人牙慧了。

我最后筛选出来的3个关键词如下：

①“记录”　胜过记忆

②“勇气”　胜于分析

③“无聊”　胜过创造

我之所以选出了上面3个词作为实现我“加班为零”的关键词，

是因为它们代表了以下的内容。

“记录”　　胜过记忆……

我们的记忆其实并不可靠，把“时间”和“自己做到的事情（自己的强项）”等记录下来的话，我们不必依靠记忆就能够客观地审视时间和自己的强项，这样一来我们才能下功夫改进时间的使用方法和磨炼自己的强项。

“勇气”　　胜于分析……

我们要确定工作的优先顺序就需要“丢弃的勇气”。“这个工作放在之后做没问题吗？”你不得不与类似这样的不安做斗争。要战胜这样的不安情绪就需要你的勇气。

“无聊”　　胜过创造……

作者在书中写道：“想要在工作上做出成绩，就得把工作日程化。决定好早上到公司后要做的事情，然后用决定好的方式去完成，不知不觉成绩就出来了，这种机械又无聊的制度很有必要。”

步骤4：整合为一条信息

这样一来，我决定了明天开始要做的一件事情就是——把今天做成的事情记录到手账里，每一个月对自己的强项进行盘点。

以上四步完成后，你就能在15分钟内收获对工作有益的内容了。

8 从《卓有成效的管理者》一书中归纳出的一条信息

1. 提出问题

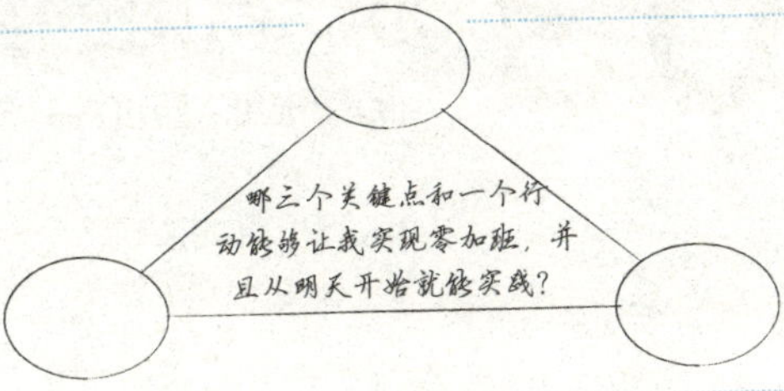

2. 抽选出16个关键词

被丘吉尔称为"核心人物"的哈里·霍普金斯	关注你自己的时间
日程化→天才般的工作	无聊的组织
优先顺序	时间和记录

3. 从中筛选出最重要的3个关键词

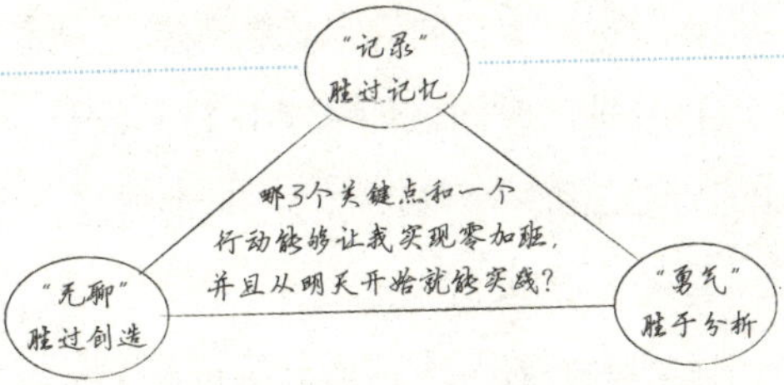

4. 归纳为一条信息

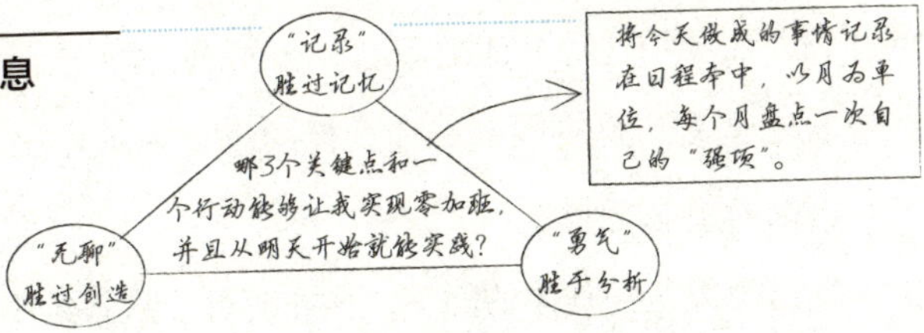

POINT

实践了这四步，只需15分钟你就能收获对工作有益的内容。

09 把《日本经济新闻》变为“有用的实践型知识”

◇阅读报纸=直接提升演讲能力的方法

【提出自己的“问题”，花15分钟阅读报纸】

我们来使用“阅读克星法”来读一读《日本经济新闻》[①]吧。你只需15分钟的时间就能从《日经》数量庞大繁杂的新闻信息之中选出三个要点和一个可以加以实践的行动。

首先，提出“问题”。

不要用类似于“日本经济复苏的关键是什么？”这种太过抽象的问题，而要用这种具体的问题。比如说：“在当前经济形势下，过往经验完全无法解决问题，什么样的重要视角才能创造出为客户带来价值的新产品与服务？”

提出类似这样具体的问题，你才有可能从报纸中找到“答案”。

接下来，我们一边翻阅报纸，一边选出16个与答案相关的关键

---

①《日本经济新闻》：简称《日经》，是日本全国性且具有相当影响力的大报纸之一，是全世界发行量最大的财经类报纸。主要侧重于经济方面消息报道。报纸定位以中产阶级为主，其读者大多是日本经济、政治等各界的领导者和公司的从业人员。

词填入方框中。我们把“安藤忠雄氏的团队整合力”“宝贝酒店1695所”“×××的权力的空白”等带有专有名词和数字的关键词，以及“收藏记忆”“琐碎的日常”等打动内心的关键词通通挑选出来。

16个关键词挑选出来后，我们将相互关联的词用同一种颜色的圆圈圈起来，在特别重要的关键词上用红色的圆圈，这样来起到对收集到的信息进行分类的作用。

【锻炼自己的视角和自己的语言】

接下来，我们选出3个最重要的关键词。

①团队的视角

②少数派的视角

③一位体验者的视角

将所有信息归纳为这3个视角。

然后，把这些视角整合为一条信息。

“CHI MA TA[①] 视角——建立起能够重新定义日常细微的服务，提升根本的消费能力！”

将以上的3个视角整合为了“CHI MA TA视角”。

CHI 指的是“团队”。

MA 指的是“少数派”。

TA 指的是“体验者”。

---

① CHI MA TA 根据日语读音而来。“团队”日语中读作“chiimu”，“少数派”读作“mainoriti”，“体验者”读作“taikensya”，于是，此处取了三个词的第一个音节。

像这样，我们通过巧用文字缩写，能让我们在把自己的观点传递给别人的时候，包括自己记忆的时候都会变得更加容易。我把这个步骤称作“打磨信息”。

每次阅读报纸的时候，如果你反复磨炼自己打磨信息的能力，慢慢地，你的语言能力会得到锻炼，无论是演讲还是发表个人意见的时候，你的表达能力都会有质的提升。

这次我们就试着将整合后的信息在1分钟的时间内讲出来。（如第37页所示）。

大家感觉怎么样？

这个虽然不过只是一个例子，但使用“阅读克星法”，提出“问题”，选出16个关键词后，就可以将报纸上那些零碎的信息整合起来，用自己独特的视角来进行解读。

最终，你就可以从“报纸”这个人人都能够轻易入手的信息媒介中找到自己想要的信息。

像这个例子中的“视角”，如果你每天能够收集到一个，长期坚持下去，你的视野将会越来越广。你有了自己独特的“视角”，以及能够简单记忆的“语言”方法，你的日常工作效率肯定也能随之大为提升。

9 15分钟阅读《日经》的方法

提出问题，选出16个关键词

筛选出3个最重要的关键词，总结为3个视角

整合为一条信息

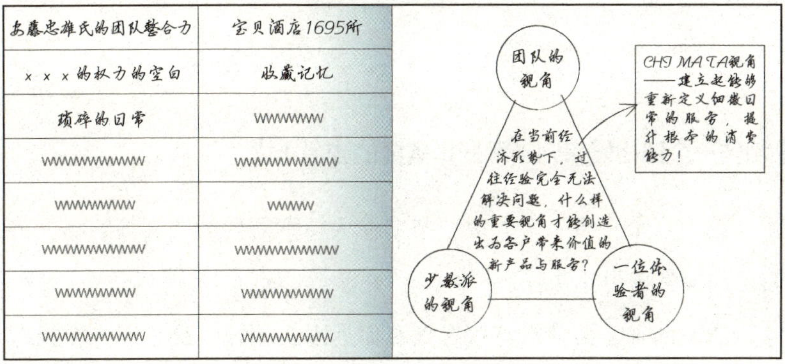

1分钟内向人们讲述该信息

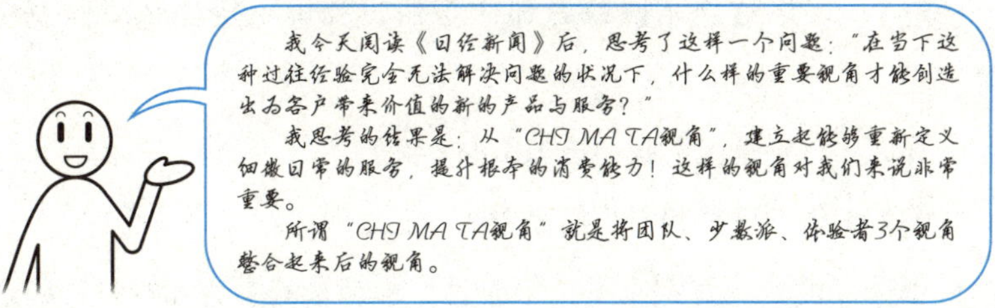

POINT

独特的"视角"和简单的"语言"会让你的日常工作效率得到质的提升。

10 用简易清单完成“断舍离”

◇让你能在短时间内一口气将物品整理得井井有条

【制作一个四格图来判断哪些是需要的物品】

我为大家介绍一个方法，帮助你丢掉不需要的书籍等物品，将自己周围整理得井井有条。

话说回来，为什么有些东西我们迟迟扔不掉？这是因为在扔东西的时候，我们总会有一种不安的感觉。

“啊，好像这样东西或者那样东西，我说不定什么时候就会需要。”

那么，这种情况下我们该怎么办才好？

我们要做的就是判断我们需要的到底是哪些。

很久以前，我看到家里长年累月堆积起来的书籍和资料，起念想把它们整理整齐。

怎样才能更高效率地做出取舍呢？于是我就想出了制作四格图这样的方法。四格图的两条轴线就写成这样（见第41页中的图示）。

• 使用的东西/不使用的东西

• 重要的东西/不重要的东西

这其中我们需要关注的就是那个重要的并且不使用的东西。

只关注这一个类别，也是因为“使用/不使用”的标准很单纯，但即便如此也无法舍弃的原因是对这些东西有迷恋。这些“虽然不使用，但是无法舍弃”的东西如果不丢掉，你的整理工作肯定无法进行。所以，当你想扔掉但是又扔不掉的时候，你就必须思考自己之所以扔不掉的缘由了。

【留下最重要的三项，其余的全部扔掉】

我试着把自己那些不想扔掉的与工作相关的藏书分为了10类。

①MBA案例研究

②马克思资本论

③编写故事

④金融学

⑤管理会计

⑥英语学习

⑦营销

⑧会计证备考书

⑨设计

⑩思维扩散法

并把它们制作为一个简单的表格（参考第41页中的表格）。

把这些不想扔掉的东西（这里用书籍作为例子）分门别类后，就开始思考“保留原因”“一年内是否使用”“真的重要吗”……然后，从中选出最重要的3个，其余的全部扔掉。

我的这些书中有好几本都买了10年，这10年间一直想读却没有读。当初买的时候就想着虽然现在一时半会儿不读，但将来什么时候总会用到吧。

而现在，仔细思考是否对“现在”和“将来”的自己有用之后，打算保留的只有“③编写故事”。

最初，我打算保留3个，但是梳理一番后，我发现自己需要的只有“编写故事”。对于“现在”的自己，以及“将来”的自己，“编写故事”都是需要的。意识到这一点后，我就果断放弃了其余的东西。

把“扔不掉的东西”清单化，选出其中最重要的3项。这样你就可以将东西整理得井井有条了。

10 制作“简单清单”的方法

●四格图整理模板

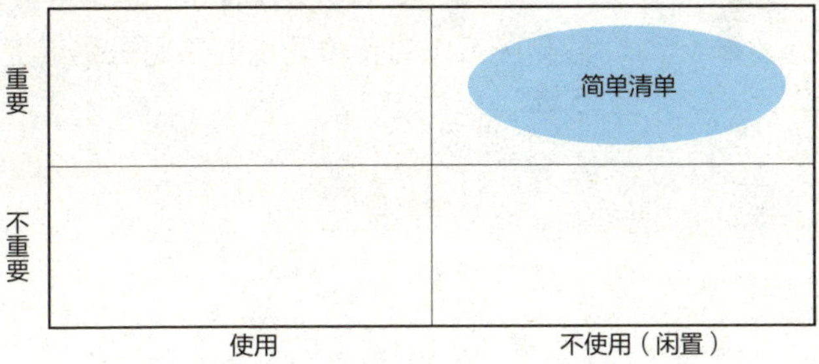

“重要”但是“不使用”的东西，单独做一个“简单清单”

●“简单清单”的格式（以书为例）

	分类	保留原因	一年之内使用吗?	真的重要吗?	TOP3
1	MBA案例研究	经营案例积累	No	×	
2	马克思资本论	经济学的基本修养	No	×	
3	编写故事	通过故事打动人	Yes	○	1
4	金融学	财务知识	No	×	
5	管理会计	可运用在商业分析中	No	×	2
6	英语学习	用英语来工作	No	×	
7	营销	获取工作	No	×	3
8	会计证备考书	拓宽工作范围	No	×	
9	设计	设计造诣	No	×	
10	思维扩散法	想出绝好的创意	No	×	

只留下最重要的前3项，剩余的全部丢弃

POINT

把“扔不掉的东西”写在清单上，选出最重要的3项，就能整理好了。

11 10分钟交接工作！“一页交接地图”

◇将交接工作的整体图像归纳到一张纸上的方法

【让电脑中的资料和纸质资料联动起来】

这次让我们一起来整理公司资料。

比如说，我们工作中会遇到需要交接工作的时候。把自己承担的工作交接给他人的时候，必须把资料等物品整理之后再转交。虽然自己对资料已经如数家珍，但他人却一无所知，因此有必要重新整理。

在公司工作的时候，我所在的部门的资料常常都乱作一团。办公桌上摞着层层文件袋，办公桌下密密麻麻地摆放着的活页夹就有10厘米之高。

因为办公桌下连落脚之地都没有了，于是我办公的时候不得不斜着身体，把脚伸到办公桌外。

像这种状态，怎么可能做好交接工作？我当时想到的解决方法就是这个——“一页交接地图”。（参考拉页。）使用思想地图工作制作而成。（参考第46页中的专栏1。）

“一页交接地图”以“电脑中的资料”和“纸质资料”的联动为大前提制作而成。首先，我们要决定电脑中的资料构造。

【资料整理分为四个阶段】

我们用营销工作来举例子。

营销的资料是按照“谁的？=客户”“什么？=项目”“怎么样？”这样一个顺序和过程来制成的。于是，我们如果以“客户”和“项目”为中心，把所有资料串联起来的话，我们就能成体系地把握住有用的资料。

构造如下所示：

第一阶段——“客户编号+客户名称”

第二阶段——“项目名称”

第三阶段——“分类名称”

第四阶段——“资料名称”

在第三阶段中，我们要把能够分到同一类别中的资料全部分门别类。

接下来，我们将纸质资料平摊在办公桌面上，一个个拿起来，看电脑中是否有对应的类别，如果有就在电脑里添加该资料名称。一旦发现没用的资料，就扔进垃圾箱里。

这样，我们就完成了“一页交接地图”。

下一步，我们整理剩下的这些有用的资料，把各种资料收纳到透明文件夹里。文件夹上用不干胶标明“客户名称（简称）–项目名称（简称）–文件夹名称–日期”。然后，按照不同的客户，把资料文件夹放进对应的客户文件箱里。

给文件夹取名，这样即便是资料不小心被误放到别的地方，你也能很快发现并放回对应的文件箱里。

在工作交接的时候，你只需要把“一页交接地图”的数据资料以及打印出的这一张纸交给他们，并且告知文件箱的所在地，你的交接工作就顺利完成了。

以上就是使用“一页交接地图”进行资料整理的方法。

专栏 1

可用于高效交接的思维导图制作软件

在这里我给大家介绍几款便于你制作“交接地图”的软件，供大家参考。

■ I Mind Map ■

这是思维导图的创始人托尼·布赞（Tony Buzan）[①]唯一公开认可的思维导图软件。这个“I Mind Map”与其他软件有绝对性差异的一点就是它的“表现力”。它的表现能力出色，可以让你感觉像是用手在纸上制作思维导图一般。而且用I Mind Map 制作的演讲稿，可以运用在很多领域中。

■ Mind Manager ■

针对重量级用户的这款软件，性能充足，我推荐给那些比起“表现力”来说更重视“性能”和“制作速度”的人。这个“Mind Manager”常常被运用于企业中，它可以在商业领域上信息共享畅通无阻。因为这款软件还与Office有协作，因此数据的转移也非常容易，得到了大量办公室白领的青睐。

除以上两款以外，还有很多可以免费制作思维导图的软件。你在网上搜索“思维导图”“免费软件”，会得到很多搜索结果。

---

① 托尼·布赞：英国著名心理学家、大脑学家、记忆术专家，1942年生于英国伦敦，他曾因帮助查尔斯王子提高记忆力而被誉为英国的“记忆力之父”。他发明的“思维导图”这一简单易学的思维工具正被全世界2.5亿人使用。

虽然是免费软件，但它们都具有完备的性能。我建议你可以先下载一个自己感兴趣的软件来试一试，之后再挑选出适合自己的软件。

下面我给大家介绍两款有代表性的免费软件。

■ X Mind ■

上一节中我们介绍的“一页交接地图”就是用这个软件制作的。

这个软件的特征是除了能制作思维导图以外，它还可以制作鱼骨图、电子表格、思维树等各种各样的思维整理工具。

你还可以把制作出来的思维图通过鱼骨图或思维树展开。

■ Free Mind ■

在操作性和表现力方面，X Mind更优秀。但Free Mind快捷键等非常丰富，特别推荐给那些不喜欢用鼠标操作的人。

第2章

把“想传达的内容”整理归纳到一张纸上的方法

12 让会议时间缩短一半的"话题地图"

◇5个步骤就可以决定的"Mapping会议"

【四分之一的工作时间消耗在了会议上面】

你的一天要在会议上花费多少时间？

以前，我针对"会议上要花费多少时间？"这个问题对50家大企业的管理层做过一份调查。调查的结果是会议占去了工作时间的26.5%，也就是说大致为工作时间的四分之一。

如果我们假设大型企业的管理层的年收入为1000万元，那么也就是说每年有250万元花在了会议上。

在参与调查的企业中还有员工人数上万的大型企业。如果我们假设其中有20%是管理职务的话，那么也就有2000人。

250万元×2000=50亿元

那么这个公司一年在会议上就耗费了至少50亿。

虽然花了这么多的金钱和时间在会议上，但是对会议持有不满态度的人却多不胜数。

"总是在重复讨论同一个议题。"

“为什么会有这么多会议？”

“说起来，这些到底是些什么会议？”

难道就没有能够让会议更加顺畅，更加高效的方法吗？

在这里我为大家介绍这样一种方法，它能够让各种大大小小的会议中的沟通变得更有成效。这种方法叫作“Mapping Communication（议程地图）”。

采用这种方法可以让你在原有的一半的时间内将原本冗杂的话题总结得简洁明快，让参会人员更容易达成共识，让你实现更高一级的顺畅沟通。

【采用“Mapping会议”，让短时间内进行高密度的讨论成为可能】

“Mapping Communication”中使用了能够进行话题共享的“话题地图”。“Mapping会议”就是一个使用“话题地图”的例子。

在第53页中展示的就是在“Mapping会议”上使用的话题地图的模板。让我们一边看这个模板，一边来讲解“Mapping会议”吧。

讨论是从中央向四周呈放射状展开。在中央的部分填入议题。

然后从中央出来的箭头轴向就是“论点”。随之，在各自轴顶部的方框（方盒）内填入讨论的内容。然后，将讨论的结果用红笔画出，在箭头末端写出根据各个论点引出来的“答案”。

最后，将最后得出的结论作为“下一步（Next Step）”，将其应用于实际的对策和行动之中。

将整个步骤归纳起来：

①将议题写在中央位置

②写明几个论点

③讨论过的内容填写在方框里面

④结论（答案）写在箭头前面

⑤在“下一步”（对策&行动）中付诸实践

会议结束后，即使是没有实际参与会议的人，通过阅读会议的这个议程地图，也能对会议讨论了哪些论点得出了什么结论等一目了然。

12 “话题地图”的模板

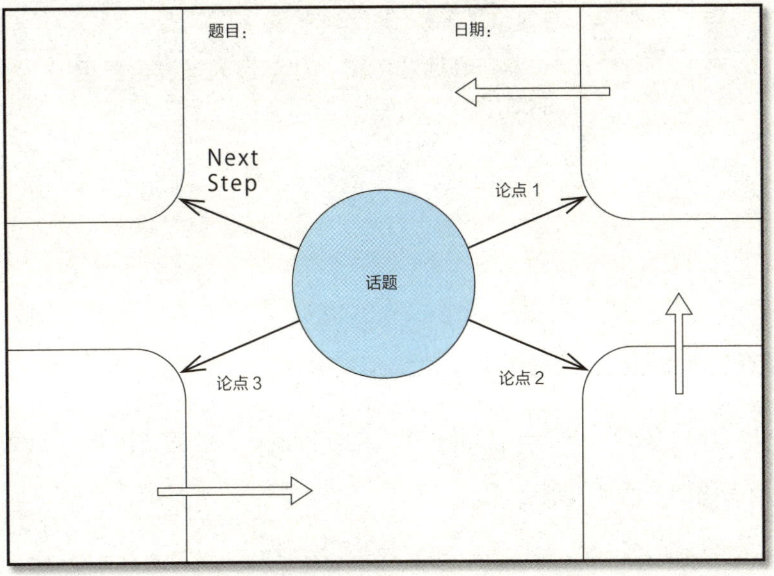

使用方法

①将议题写在中央位置

②写明几个论点

③讨论过的内容填写在方框里面

④结论（答案）写在箭头前面

⑤在Next Step（对策&行动）中付诸实践

POINT

使用话题地图开展“Mapping会议”的话，只要一半时间就能达成共识。

13 "Mapping会议"的进行方式①步骤1—2

◇准备好话题地图，让参会人员发表各自的意见

【在白板上画出话题地图】

我们来看一个"Mapping会议"的实际例子。公司要召开一个新商品的销售活动策划会议。

开始的时候是上午9点，会议持续60分钟。

步骤1：准备好话题地图

在会议开始之前就在白板上准备好话题地图。

在中央位置写上"话题"，然后在各自箭头上面或者下面写上"论点"，再在箭头顶部位置制作"讨论区域"。

论点按照重要程度，从右上角开始按顺时针方向从最重要的开始书写。在会议中，如果讨论进入白热化阶段，有的发言可能会出现要求延长的情况。这样的话时间不够用，剩下的论点只能留到下一次会议中讨论。因此，我们要按照论点的重要程度来安排讨论顺序。

在地图中，我们在中央的主题的上面还设置了另一个大框架。

这是用来填写最终结论的“答案箱（Answer Box）”。

然后，在第57页左上角的“下一步（Next Step）”的方框里面制作出“风险担忧”“待商议事项”等事项。在会议中出现的今后对采取的策略的担忧，以及有必要再次讨论的内容等，虽然会议上讨论过，但仍需要整理遗留下来的问题，并将其填写在这个方框里。

这次，我们填入了以下内容：

主题：什么样的销售活动能让新商品卖出原商品两倍的销量？

论点1：如何向消费者传递新商品与旧商品及其他商品的差异？

论点2：什么样的活动亮点才能让顾客不由得产生购买的欲望？

论点3：在营销力量比较薄弱的区域，如何提升营销力？

【开始讨论之前，让参会全体成员提出各自的意见】

步骤2：针对各自论点给出意见

在会议开始之前，我们需要做两件事情。

第一件事就是在各种论点下面写上“时间”。这样做是为了让大家意识到各自的论点需要在哪个时间点必须讨论完毕。我们当前设定每一个论点所需时间为15分钟。

第二件事是给参会全体成员派发稿纸，让他们把各自针对这些论点的意见写在纸上。如果每个论点的讨论时间为15分钟的话，我们就给大约2分钟的时间让参会成员们书写。

这样一来，各种意见不但能够顺利地表达，而且人人都参与到了其中。并且，不会出现被他人的意见左右后，丢失自我意见的情况。

随后，我们将收集起来的意见填入答案箱中，大家就这些建议进行讨论，然后把内容整理到白板上。

在讨论的过程中，如果出现了“风险担忧”和“待商议事项”，就把它们填入左上角的方框中。这样一来，我们就可以避免被一个论点所缠绕，没时间讨论其他论点的情况发生。

13 新商品的销售活动策划会议①

步骤1
准备出话题地图

- 在白板上准备好“话题地图”

↓

- 在中央位置写上“话题”，然后在各自箭头上面或者下面写上“论点”，再在箭头顶部位置制作“讨论区域”

↓

- 从中间的主题往上拉出箭头，再放一个填写最终结论的“答案箱”

↓

- 在左上角“下一步（Next Step）”的方框里面制作出“风险担忧”“待商议事项”等事项

步骤2
针对各自论点给出意见

- 在各自论点下面写上时间
- 给参会的全体人员发稿纸，让他们写下针对论点的各自的意见
- 将收集到的意见逐步写入方框中
- 对各个意见进行讨论，将其内容整理在白板上

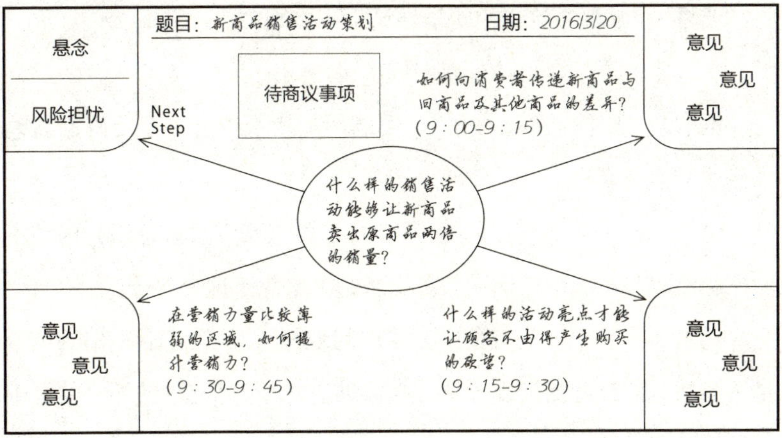

POINT

在开始讨论之前，让参会的全体人员写出各自针对该论点的意见。

14 “Mapping会议”的进行方式②步骤3—4

◇让会议结果凝结化，导出“下一步”

【需要执行的事情用标语来表现】

步骤3：从每个论点中得到结论

从大家讨论整合出的论点中依次得出结论。

论点1：关于“传达方式”，可以用一张纸或者一个动画来将差异传达给消费者。

论点 2：关于“促销的亮点”，可以将消费者没有意识到的“不可见利益”和“三个烦恼”展现出来，并聚焦于这个部分。

论点 3：关于“应对营销力薄弱的地区”，经讨论后得出的结论是——从总部调动支援小分队，来协助应对A级客户中的那些关系不紧密的客户。

最后，将这次促销活动的口号定为“Focus 1 to 3”。

Focus 1 就是将促销渠道整合在一张纸上或一个动画中。

通过这一张纸或一个动画这样简单的宣传渠道，向消费者们传递三个能激起消费者购买欲望的促销活动内容。

具体操作如下：

①创造出“看不见的利益”

这样展开你要介绍的内容：“实际上这次最新的打印机不但具有新功能，而且它最大的亮点在于能给你带来‘看不见的利益’……”

②消除“三个烦恼”

这样展开你要介绍的内容：“在对客户进行仔细调研之后，我们发现了打印机客户所存在的三大主要烦恼。而现在购买了我们公司产品的客户向我们反馈‘再也不存在×××的烦恼了’。而且……”

③救援小分队的支持

这样展开你要介绍的内容：“我们会从本部派遣专门的员工到贵公司，就打印机和归档系统的联动以及报告会等场合打印机的活用方法等对贵公司员工进行培训和指导，通过这样的方式保障您购买之后能切实提高工作效率，具体来说……”

步骤4：设定下一步

最后，明确本次会议后该采取的行动。

在这里，我们明确了促销活动中需要聚焦的三点内容：①做好准备用简单易懂的方式向客人们解释这个“看不见的利益”。②关于三个烦恼。需要进行调查到底是哪三个烦恼。③关于支援小分队，需要跟本部员工商量时间的安排。

明确这三点是下一步中需要执行的行动后，会议就可以到此结束。

会议结束之后，这个会议围绕着什么议题进行了讨论，就各论点进行了怎样的讨论，最终得到了什么结论，今后需要采取怎样的行动等内容，在大家眼前的白板上就清楚、明了地展现出来了。

14　新商品的促销活动策划会议

步骤3　从每个论点中得到结论

- 将整合后的论点按照顺序得出结论
- 决定用"Focus 1 to 3"作为促销活动的口号
- 将促销渠道整合在一张纸上或一个动画中（Focus 1）
- 用一张纸或一个动画等简单渠道告知消费者促销活动的三个内容

步骤4　设定下一步

- 明确下一步要做什么

会议结束

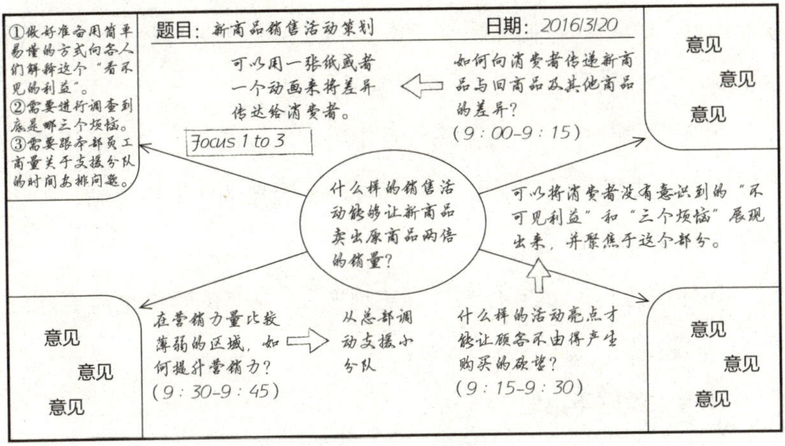

POINT　从各个论点中导出结论，最后明确下一步中应该采取的行动

15 “话题地图”的5大效用

◇“万能模板”应对短时间决策和商务会谈等情况

【有了“话题地图”，交流顺畅无阻】

在上一节中，我们介绍了“Mapping会议”的实际操作方法，话说回来，为什么我们会需要Map（地图）呢？

地图的功效中有一条就是引导作用。单纯用语言来导航指路并不容易，但如果手上有地图，你就可以一边在地图上用笔画，一边向别人说明方向了。

同样的道理，如果有了“话题地图”，在交流时你也能更加顺畅。“话题地图”有以下5个优点：

①会议论题不跑题

经常会发生这种情况，在会议上不知不觉谈论的话题就偏离了中心思想。这种时候，如果你用手指向地图的“论点”，告诉大家“现在的论点是×××”。那么讨论的焦点又能回归原来的主线。

②能够回顾之前的会议内容

只要是参与者，人人都能简洁有力地说明“Mapping会议”的内容。因为这个内容就记录在“地图”上。你只需要重新翻阅“地图”，会议的场景就像播放视频一般地展现在你面前，感觉犹如置身于现场。

③大幅度地缩短会议时间

在“Mapping会议”上，给每个论点划分了时间，这样大家就能对每一个论点进行集中式的讨论。

④人人都能发表意见

在“Mapping会议”开始之前参会者全体成员都要在纸上写下自己就各个论点的意见，然后这些意见会被书写在白板上的方框中。

这样一来，全体成员的意见都能在会议现场分享出来。

⑤能够将事情结构化分解，培养成员的思考能力

“Mapping会议”的一个特征就是：论点总是被结构化了。在中央位置放置主题，然后将论点从四周呈放射状展开，最后引出结论。

这样一来，最后参加会议的成员们能够培养出将事情结构化分解后进行思考的习惯。

【“Mapping会议”模板可以用在商务会谈或者采访等各种场合中】

“Mapping会议”的模板还可以用在其他的交流场景中。比如说，在商务会谈或者采访等场合，有了“Mapping会议”模板，你也能不需要依靠其他的技巧就能取得成效。

所有沟通的目的，都是就带着“问题”寻找与之相对的“答案”。

比如信息分享会议，其目的就是把某个主题（问题）的“答案”

分享给参会的每一个成员。头脑风暴也是就某个主题（问题）让大家发表意见，目的是找出其中让人灵光一闪的主意（答案）。

“Mapping会议”的模板，必须在中央位置设置一个“问题”。

然后，准备与问题相关的几个论点，在就每个论点进行讨论之后，从各个论点中导出结论，最终分享这个“答案”。

15 “话题地图”的5大优点

1 会议论题不跑题

2 能够回顾之前的会议内容

◉任何人都能简单地就本次会议的内容进行说明。

3 大幅度缩短会议时间

◉每个论点划分了时间，能够对每一个论点进行集中式的讨论。

4 人人都能发表意见

◉“Mapping会议”开始前参会者全体成员都要在纸上写下自己就各个论点的意见。

5 能够将事情结构化分解，培养成员的思考能力

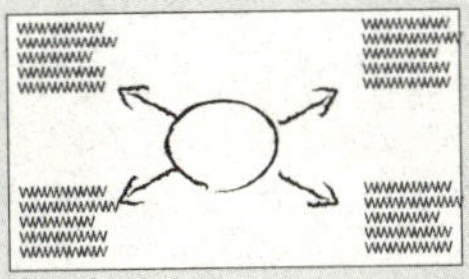

◉论点总是被结构化了。

POINT

“Mapping会议”需要你准备与问题相关的几个论点，在就每个论点进行讨论之后，从各个论点中导出结论，最终分享这个“答案”。

16 丰田式“交流技巧”

◇丰田为什么用“一张A3纸”来整理资料呢?

【整合了6个要素的丰田A3纸】

到目前为止我们已经介绍了各种一张纸模板。这些将资料整合在一张纸上的方法在不同行业的企业中得到了推广。其中一个具有代表性的模板是——丰田公司所使用的一个叫作“丰田A3”的模板。

如第69页图中所示，丰田的报告书通常都用“一张A3纸”来整合。

在这张纸上写有以下6个要素：

①背景　②现状　③目标　④课题　⑤解决方案　⑥计划

“现状是这样……为什么会有这样的现状，是因为背后有这样的情况……在了解了现状和背景之后，我想出了这样的课题……然后针对这个课题进行讨论之后，得到了A方案这样的解决方案……实施该方案的具体计划如下……”有了这张纸，你就可以像这样进行一系列连贯的说明。

有这样一个故事可以用来象征丰田的这“一张纸”。

推广丰田生产方式的若松义人，在他的著作《丰田员工不在办公桌前工作》（PHP新书）中讲了这么一个故事。

从美国汽车产业视察归来的友人学者对喜一郎说：“具体情况我整理成报告书之后提交给你。”

这时喜一郎回答了一句话：“马上把所有情况就在这里给我讲清楚。”

喜一郎所要求的是在当场就进行“口头汇报”。

【为了能表达得简洁有力，你需要将想法整合得有条有理】

为了口头表达的时候能够言简意赅，你必须将自己的想法整合得简单且有条理。

为了避免给听话者造成疑惑：“你到底想说什么？”“不能讲得更清楚明白吗？”你需要像在对方的脑袋里描绘“话题地图”一样，把自己想要传达的内容先在自己的脑袋里面整理清楚。

“整理成报告书之后”这句话的意思，就是在当前这个时间点上你没有整理清楚。这时如果喜一郎的友人能拿出一张纸，说：“好，那么我现在就跟你汇报吧。所有内容都整理在了这一张纸上。”这样该多好。

这样一来，喜一郎不需要再特地为之后阅读报告书而预留时间，友人也不需要再重新花费大量的时间在整理报告书上面。

像这样，如果总是“当场”就能“有逻辑”地制作出简单易懂的报告书和策划案，那么工作效率一定能够大幅度提升。

因此，在接下来的一节中，我会为大家介绍制作“一张纸”报告书和策划案所需的“3种逻辑思维方式”以及与之对应的整理工具“Mapping 1·2·3”。

16 “丰田A3”（一张纸的报告书）模板

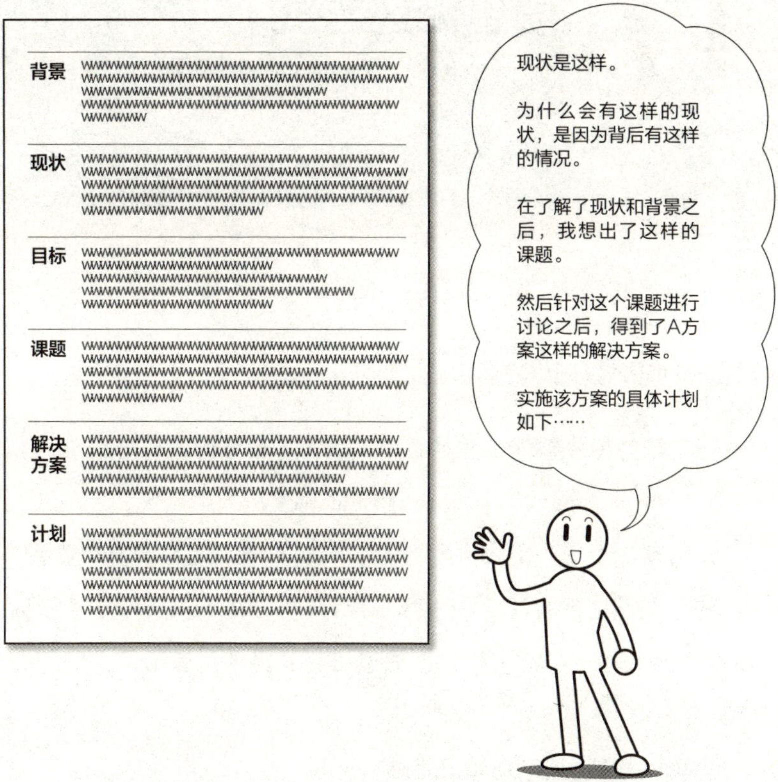

通过6个要素，你就可以像这样进行一系列连贯的说明

POINT

如果总是“当场”就能“有逻辑”地制作出简单易懂的报告书和策划案，那么工作效率一定能够大幅度提升。

17 3种逻辑型信息传递方式

◇“1个信息”“2W1H”“3个法则”

【把自己的想法整理好之后传达给听众】

将自己的想法整理得井井有条，以简单易懂的方式传递给对方的方法，叫作“逻辑思考（Logical Thinking）法”。

介绍理论思考法的书多不胜数，有多少书就有多少种方法论。在这些五花八门的方法之中，我只推荐3种方法。只要你能够掌握这3点，那么你就具备了将自己的想法有逻辑地传递给别人的所有技巧。

让我们来聊一聊**“逻辑三兄弟”**。

很久以前，在某个地方住着被称作“逻辑三兄弟”的三个感情很好的兄弟。**这三兄弟一旦开口说话就非常具有逻辑性。这是因为，他们三人各自都拥有一个自己的说话“模式”。**

①1个信息

②2W1H

③3个法则

大哥一郎说话的时候总是围绕着“1个信息”。

比如说，有人问他《香蕉减肥法》这本书的读后感，他就会用一句话告诉你：“这本书要传递的信息，说白了就是——吃香蕉能减肥。”

【采用了这3种模式，报告书和策划案等一张纸便能搞定】

二哥二郎说话时总是采用“2W1H”的方式。

所谓“2W1H”就是“What？（什么？）”“Why？（为什么？）”“How？（怎么办？）”这三个内容。

如果你问二郎《香蕉减肥法》这本书的读后感，他会这样告诉你：“这本书写了什么（What？）内容呢？它主要是写了‘吃香蕉能减肥’的这个减肥方法。那么为什么（Why？）吃了香蕉能减肥呢？理由就是……那么具体来说，该怎么做（How？）才好呢……”

二郎说话时就是采用这样“2W1H”的方式。

三弟三郎则一直使用着“三个法则”的方式说话。

如果你问他对《香蕉减肥法》这本书的读后感，他会告诉你：“这本书有3个要点。”或者他会说：“这本书跟其他的减肥术有3点不同之处。”等等。总之，回答什么他都会使用“3”分法来回答。

怎么样？

- 1个信息
- 2W1H
- 3个法则

使用了这3种方法，任何人都能有条理地表达自己的观点。逻辑思维所需要的就是这3种方法。

有了这3种方法，整理自己的想法就变成了非常愉快的事情，也能更轻松地将自己的想法传递给别人。

而且，使用了这些方法作为模板，无论是怎样的报告书和策划案，一张纸也就都能搞定啦！

17 “逻辑三兄弟”的逻辑型说话方式

1 一个信息

2 2W1H

3 三个法则

POINT

使用“1个信息”“2W1H”“3个法则”作为模板，则无论是怎样的报告书和策划案，一张纸也就都能搞定了。

18 最迅速制作策划书的方法

◇通过“Mapping 1·2·3”制作一张纸策划书

【首先展示主题，并通过2W1H说明其内容】

结合了“1个要点”“2W1H”“3个法则”这3种形式的方法叫作“1·2·3映像”。我们取用这3种形式的首数字，把该方法称作“1·2·3”。

其模板如第76页中所示。

首先，将“一个要点”这个核心内容置于中央位置，在其四周设置用来填写“2W1H”的方框。在每一个方框内部分别写入三点内容。

除此之外，在右上角预先制作一个名为“1 Action”的方框。留出这个方框是为了在提出计划方案之类的时候，让对方明了我们希望他们做的事情。在我方阐明我方的提案之后，对方提出“那么，目前该做些什么呢？”的疑问时，我们就可以将框内已写好的这个方框中的内容展示给他们看：“请您先从这里入手吧。”

接下来，让我们来看看实际的例子。假如你是人事担当，需要提出一份“培养自律型人才”的策划案。

“一个要点”如下所示：

每天记录“留意笔记”和“完成事项清单”，实现人才从“等待上司指示的人”到“自律型人才”的转变。

“2W1H”则如下所示：

在“What?”这一方框中，将提案内容整合为3点。

①“当天所留意到的事情”记入“留意笔记”之中。

②“当天完成的事情”记入“完成事项清单”之中。

③养成记录“留意笔记”和“完成事项清单”的习惯，并形成以“留意到的事情”为起点开展行动的这样一个良性循环。

在“Why?”这一方框内，写出3点提案理由：

①记录“留意到的事情”和“已完成的事情”，任何人都能轻易办到。

②通过记录“留意笔记”，你“留意到的事情”越多，就可以改善越多的地方。通过记录“完成事项清单”，你能够真切地感受到自己的成长，因而增加工作的干劲，对自我认同度也随之提高。

③因为是自己留意到的事情，并为之做出了改变，所以久而久之就能够成为在领导下达命令之前，就自主开展行动的“自律型人才”。这样的人才会逐步增加。

在“How? ”这一方框中，对“留意笔记”和“完成事项清单”的三种活用方法进行了说明：

①每天养成习惯做这样的日课：坚持每天记录“留意笔记”和“完成事项清单”，一天结束的时候，把“留意笔记”放入各个部门的“留意箱”中；把“完成事项清单”放在桌子上之后再回家。

②暂时不管“留意到的事情”和“完成的事情”的质量，先就单纯把重心放在数量上。以“留意到的事情”的数量和“完成的事情”的数量来进行评价。

③每月一次，合计“留意到的事情”和“完成的事情”的数量，在各部门内部进行个人表彰。然后，向全公司职员透露管理层们都是通过这样的活动诞生的。

最后，总结“1 Action”。也就是说所有的一切都从这里开始：把“留意笔记”和笔放在胸前的口袋里。养成把留意到的瞬间记录下来的习惯。像这样，请你务必把这“逻辑三兄弟”（这三种形式）作为自己的好帮手，尝试一下这个“1·2·3映像”方法。

18 “Mapping 1·2·3”（“1·2·3映像”）的模板

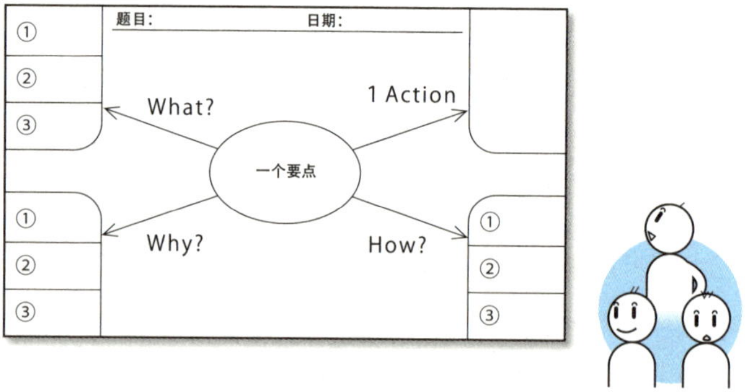

● **关于“培养自律型人才”的策划案**

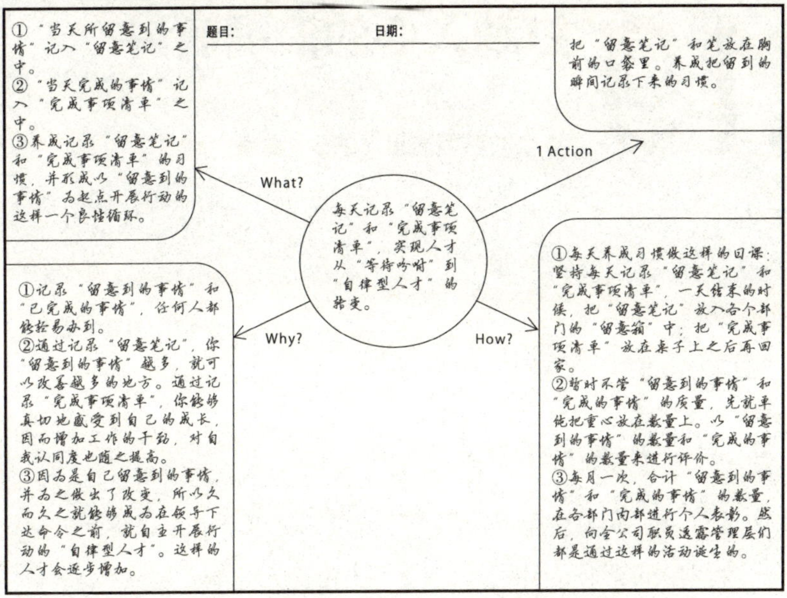

POINT

把“逻辑三兄弟（这3种形式）”作为自己的好帮手，尝试一下这个“1·2·3映像”方法吧。

19 打动人心的汇报演讲

◇ “故事型演讲”的5个要点

【让人感动的总带有故事性】

接下来，我为大家介绍能制作出打动人心的汇报演讲的方法。

听别人讲话时，哪种情况下你会不由得听得入迷？

虽然这也与说话人的“说话方式”有关，但更为重要的决定因素是说话人的话语中是否带有“故事”。

说到演讲方面的能手，史蒂芬·乔布斯可以算最有名的人物之一了，他做演讲时精神饱满胸有成竹的举止状态，以及他讲话中巧妙的停顿衔接，还有他介绍商品时高超的技巧特别吸引观众，不过最吸引观众的一点还是他的演讲中带有故事。

当年苹果公司在发布iPhone时，乔布斯说了这样一句话。

“这次苹果公司将重新发明电话。”

咦？这话是什么意思？是不是不自觉就想去了解其中的内容？新的电话与旧电话有什么不同？听众不由得就会想去了解背景。

不单是乔布斯，世界级的经营管理者和企业在给商品增添故事性让商品更吸引人这一方面都做得非常出色。

那么怎样才能让故事有打动人心的效果呢?

为了达到此目的，你需要的就是这个“故事型演讲”模板。如果按照这个模板整理资料进行汇报，肯定能收到比之前更好的效果。

【“故事型演讲”的5个要点】

也许有很多读者会有疑问：“你所说的‘故事’到底是什么？”

在你思考何为“故事”时，可以用电影和电视节目做参考。电影和电视，其实就是在向所有屏幕前的观众进行演讲。在如何做才能吸引人这方面，电影和电视是最好的教材。我一般在看电影或电视时，总会使用“16分割笔记”模板来分解情节，记录故事如何展开。通过这样的练习，我慢慢地发现原来所有的电影电视都有其固定的模式。

《相棒》[①]《海螺小姐》[②]《热情大陆》[③]等人气爆棚的电视节目都有其独特的模式。“故事型演讲”就是利用这些模式作为工具。

---

①《相棒》：“意为搭档、伙伴”，是日本朝日电视台与东映株式会社联合制作的系列刑侦电视剧，主要讲述杉下右京和他的搭档组成的只有两个人的特命系破解无数疑案的故事。

②《海螺小姐》：日本女性漫画家长谷川町子于1946年发表的四格漫画。在1946年至1974年期间，《海螺小姐》累积连载高达6477篇内容，出版此漫画单行本的姐妹社及朝日新闻社则分别创下超出7000万本、1600万本的销售成绩，《海螺小姐》至今仍为日本国民漫画的代表作品之一。

③《情热大陆》：由日本每日放送制作，通过TBS电视联播网播出的一档以日本各行各业中的杰出人物为题材的人物深度纪录片。

在下一节中，我们会举例子进行详细说明。但本节中我们就先来看一看第81页中的模板。按照这个模板来操作的话，你原本需要花上一天时间才能搞定的准备工作，就能在一个小时都不到的时间里完成。

“故事型演讲”的关键在于以下5点：

①用三幕情节来构建故事

②第一幕（开篇）和第三幕（结尾）要清晰明确

③第一幕通过“现状”“变化”“问题”来引起读者兴趣

④为第二幕添加“三个阶段”

⑤通过一个信息来传递第三幕

接下来我们来逐个进行说明。

19 “故事型演讲”的模板

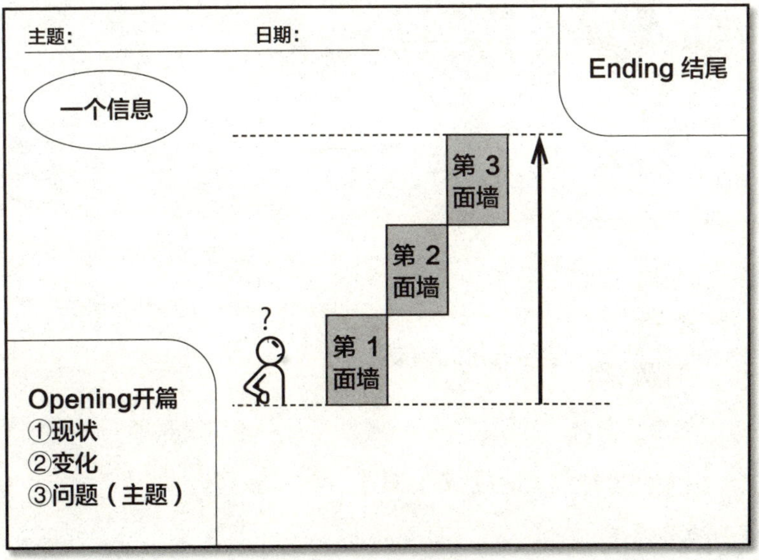

进行“故事型演讲”的要点：

①用三幕情节来构建故事
②第一幕（开篇）和第三幕（结尾）要清晰明确
③第一幕通过“现状”“变化”“问题”来引起读者兴趣
④为第二幕添加“三个阶段”
⑤通过一个信息来传递第三幕

POINT

利用包含故事的“故事型演讲”来打动人心。

20 演讲用的故事由“三幕组成”

◇关键就在开篇和结尾

【从《桃太郎》中学习三幕的构成】

“故事型演讲”的第一个关键点就是——由三幕构成。

主人公（对象）的成功故事以“第一幕→第二幕→第三幕”这样的顺序展开。

第一幕是开篇——什么东西?

第二幕是故事主要情节——发生了什么事情?

第三幕是结尾——最后怎么样了?

这些就是所有“故事型演讲”的基础。

比如说我们以《桃太郎》为例。

第一幕：桃太郎从桃子中出生。

第二幕：从老奶奶那里得到糯米团子后踏上了降妖除魔的旅途。途中收服了猴子、狗和野鸡，登上鬼岛击退了鬼怪。

第三幕：桃太郎带着宝藏归来。

这个故事就是“什么东西，发生了什么事情，最后怎么样了”

这样典型的三幕故事。

第一幕（开篇）、第二幕（主要情节）、第三幕（结尾）这样的构造可以应用在所有的故事中。

【首先需要考虑的就是开篇和结尾】

让我们进一步具体地看一下这三幕构造。

首先需要考虑的是第一幕和第三幕。

正如我们在前面讲到的，第一幕和第三幕各自的地位是一个开篇和一个结尾。也就是说一个开始和一个结束。换句话说，就是：

第一幕=开篇——什么东西？

第三幕=结尾——最后怎么样？

你需要填入里面缺失的内容。明确了"什么东西最后怎么样了"后，你的故事就开始了。

比如说，给公司内部汇报一直销量不好的商品A最近销售额有了提升这件事情时，你就可以这样说：

开篇=什么东西？——销量不好的商品A……

结尾=最后怎么样了——比前年销量大幅度提升了200%。

像这样连起来讲述，你的故事就成立了。

不过，在实际的汇报演讲中，很多时候会出现开篇和结尾不明确，要点偏离主题等问题。

如果汇报演讲结束后，从听众那里得到"没太听懂你讲的内容"的反馈，那你就需要思考两点：

一个是可能有了“什么东西”，但是却把“最后怎么样了”这个结论设置得太过含糊。一个是“怎么样了”这个结论完全偏离了主题。

如果对于“什么东西”这个开篇→有一个明确的“怎么样了”这个结论，听众就会产生好奇心，想知道“为什么会这样？”“这是怎么实现的？”，不知不觉就被牢牢吸引。

20 “故事型演讲”由三幕组成

第一幕
Open 开篇
——什么东西？

●桃太郎从桃子中出生

第二幕
Main 故事主要情节
——发生了什么事情？

●从老奶奶那里得到糯米团子后踏上了降妖除魔的旅途
●途中收服了猴子、狗和野鸡，登上鬼岛击退了鬼怪

第三幕
Ending 结尾
——最后怎么样了？

●桃太郎带着宝藏归来

POINT

“什么东西”（开篇）→“怎么样了？”（结尾）这整个流程明确的话，就能引起读者的兴趣，让他们不知不觉中被你的内容牢牢吸引。

21 通过第一幕的“3个要素”吸引读者

◇在第一幕中添加“现状”“变化”“问题”

【在开篇里添加3个要素】

在本节中，我们将进一步介绍作为故事开篇的第一幕。

第一幕中你需要的是“什么东西？”这个要素。也就是说，你要设定“故事的主人公”。

主人公的设定是为了明确——这个故事到底是给谁的。

主人公是消费者吗？还是客户呢？还是公司的内部员工？你需要明确你汇报的对象。

如果是千人一面的演讲稿，听众就会觉得：“啊，这个演讲稿肯定是给别的客户制作的，只是稍做调整，随便拿来应付我而已。”或者：“这个计划不单是给我们公司，别的公司照样可以使用这个战略方针。”如果是给听众留下这样的印象，那么你演讲稿的影响力肯定就下降了。

就像是没有主人公的电影无法成为电影一样，主人公不明确的演讲稿也会缺少影响力。

接下来，怎样才能把主人公设定得更有魅力呢？你需要以下3个要素：

①现状——主人公现在所处的状况

②变化——给现状带来变化的事情以及解决方案

③问题（谜团）——一句话明确表示故事的展开

【被“问题”（谜团）所吸引，观众会想看到故事结尾】

我们拿拍成迪士尼电影的刘易斯·卡罗尔的小说《爱丽丝梦游仙境》为例子进行说明。

现状——爱丽丝因长大成人的烦恼而不安。

变化——有一天出现了一只奇怪的兔子，爱丽丝因追逐兔子而掉进了洞穴里。

问题（谜团）——掉进洞穴里的爱丽丝怎么样了？

这就是故事的开篇部分。

一成不变的日常生活（现状）中，突然发生了某种改变。由此，一个故事开始了。问题（谜团）总是能成为开启故事的按钮。人们被开篇的这个问题（谜团）所吸引，就会起意想看完解决这个问题（解开这个谜团）的高潮部分在内的整个故事。

如果换成新商品的汇报会的话：

现状——游戏公司A最近没有推出卖座的游戏。

变化——出道以来，稳坐销量冠军宝座的某著名小说家联手A公司进行新游戏的剧本创作。

问题（谜团）——由著名小说家创造的作品能否成为A公司卖座的作品呢？

像这样给第一幕（开篇）添加了3个要素之后，就设定了具有魅力的主人公，自然能引起听众的兴趣。

21 加入开篇“3要素”

“什么？”=故事主人公的设定

“明确演讲的受众”

↓

添加3个要素

1 现状——主人公现在所处的状况

2 变化——给现状带来变化的事情以及解决方案

3 问题（谜团）——一句话明确表示故事的展开

现状

游戏公司A最近没有推出卖座的游戏。

变化

出道以来，稳坐销量冠军宝座的某著名小说家联手A公司进行新游戏的剧本创作。

问题（谜团）

由著名小说家创造的作品能否成为A公司卖座的作品呢？

POINT

第一幕（开篇）中添加3个要素后，你就能设定出具有魅力的主人公。

22 在第二幕中展示“3个阶段”

◇准备跨越所需的“钥匙”

【朝着故事结尾，主人公需要攀登三个阶梯】

我们在开篇中充分吸引了听众！接着我们进入第二幕（主要情节）。

再看一看前面的桃太郎的例子。

第一幕：桃太郎出生于桃子里。

第二幕：从老奶奶那里拿到糯米团子后，踏上了降妖除魔的旅程。在途中，桃太郎收复了猴子、狗和野鸡，在鬼岛打败了鬼怪。

其中，第二幕又可以分为三个阶段。把这三个阶段，当作跨越三面墙。那么《桃太郎》的第二幕中就有这样三面墙：

第一面墙：从老奶奶那里得到糯米团子。

第二面墙：收服猴子、狗和野鸡。

第三面墙：在鬼岛上打败鬼怪。

也就是说第一面墙是“食物”，第二面墙是“同伴”，第三面墙是“战斗”。朝着故事结尾，他需要攀登这三个阶梯。

桃太郎拿到糯米团子之后就解决了"食物"问题，跨越了"食物"这面墙。接下来，收服猴子、狗和野鸡之后，他又跨越了"同伴"这面墙。最后打退鬼怪，主人公就跨越了"战斗"这面墙，得到了最理想的状态（没有鬼怪出入的幸福村庄）。

像这样，主人公朝着理想的方向，克服各种困难，跨越困难之"墙"，这是最基本的故事构造。所以我们要在第二幕中设置出墙，然后准备好跨越这些墙所需要的"钥匙"（解决方案）。

比如说，可以像这样。

第一幕——受新型连锁居酒屋的冲击，私营居酒屋营业额大幅度下降。他们能否扳回利润呢？

第二幕——跨越三面墙。

第一面墙=聚集客人

生啤以一杯150日元的价格售卖，大幅度增加进店客人数量。

第二面墙=降低成本

重新选购食材，变更购买渠道，降低成本。

第三面墙=客人数量

变更店内装修布置，增加可容纳客人的数量。

第三幕——利润回升了20%。

【整合能用一句话表示的一个信息】

"故事型演讲"的最后一个要点就是"一句话表达"。

不要四处堆砌你的要点，让听众抓不住你想说的内容，而要把你的演讲做得让他们瞬间就能产生认同感：“啊，原来是这样子。”

这时，我们要用到在“Mapping 1·2·3”这一节中所介绍过的“一个信息”这个技巧。当别人让你把你想说的内容总结为一句话的时候，你就要用一句话来回答。所以你得想办法把内容整合为一个信息。

也就是在考虑到三幕的构成，准备好第二幕中的三面墙后，最后将整个故事凝结化。

《桃太郎》最后的凝结部分就是“桃太郎和同伴们一起成功击退了鬼怪，带着宝藏返回了村庄”。

将故事整合为一个信息后，一张纸的“故事型演讲”就完成了。

22 攀登朝向尾声的三个阶段

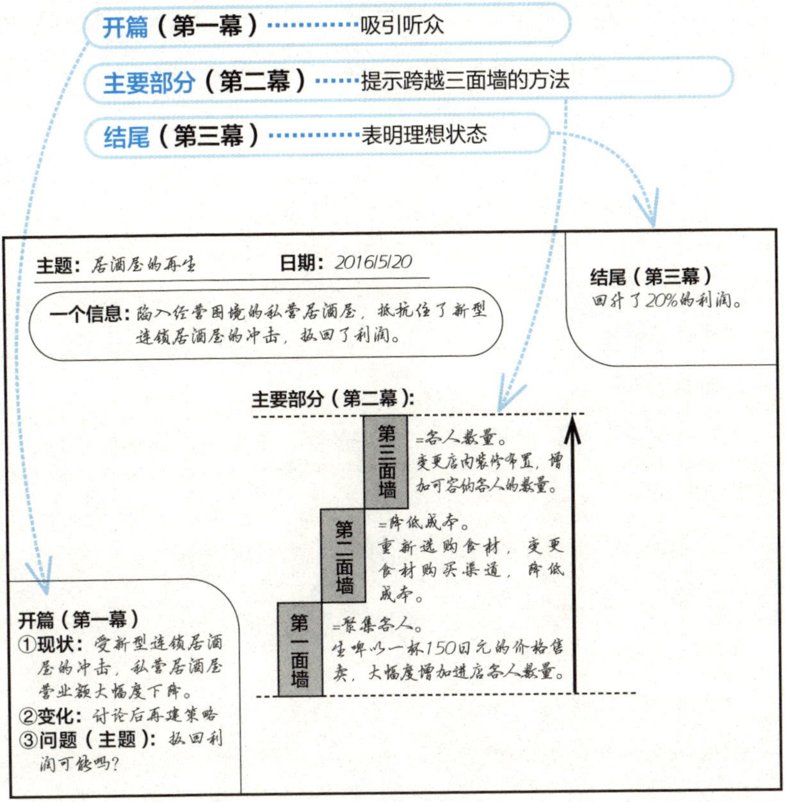

POINT

为了第三幕的美好结局，在第二幕中设三面墙，并将其跨越。

专栏 2 用“S便笺”模板制作演讲用的故事

在思考“故事型演讲”的内容时，可以使用我们在第一章中介绍的“S便笺”模板，一口气填充完模板中的内容。

“S便笺”有以下5个要素：

①谁的？

②什么？

③怎么做？

④怎么样？

⑤总之？

将这五个要素依次填入后，故事的第一幕到第三幕的各个项目就清晰明了了。

在“S便笺”的要素各自对应的演讲稿中的内容是：

“谁的？”是主人公。

“什么？”是第一幕。

“怎么做？”是第二幕的墙。

“怎么样？”是第三幕。

“总之？”是故事总结为一个信息。

第95页的图是“S便笺”与“故事型演讲”的关系图。请参考图标确认它们之间的关系。

把第一幕到第三幕的要素，用“S便笺”的模式确定下来后，直接就变成了“故事型演讲”的内容。

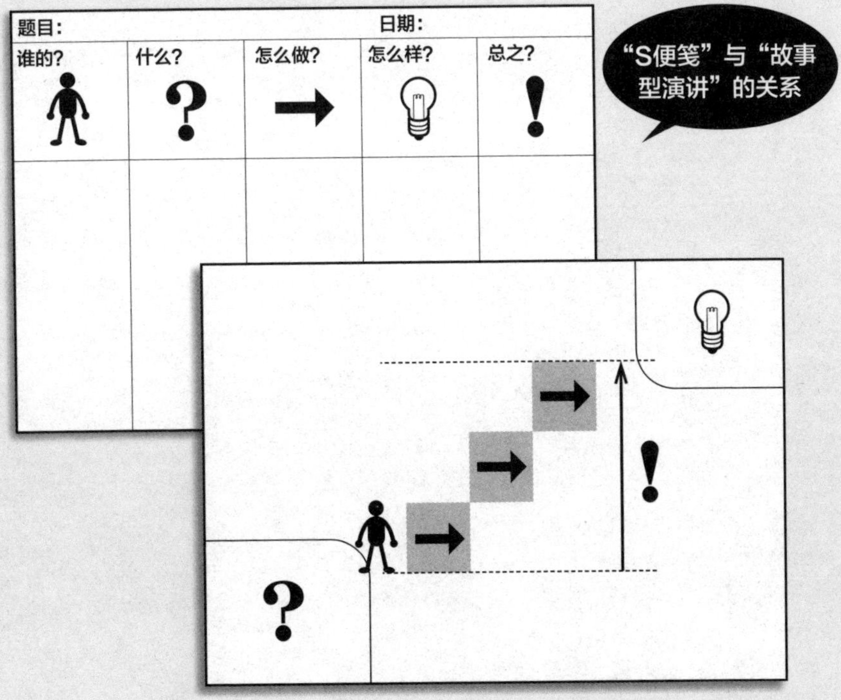
题目：
日期：
谁的?
什么?
怎么做?
怎么样?
总之?
“S便笺”与“故事型演讲”的关系

第3章

15分钟阅读一本书，把要点归纳到一张纸上

23 15分钟阅读一本书，把要点归纳到一张纸上

◇显著提高输出能力的阅读方法——整读法

【带着目的去读书】

被一本书的书名所吸引，突然在某个书店门前停下脚步，拿起这本书。瞟上两眼后，书中的内容着实打动你的心，于是你欢呼雀跃地直接拿着书去了收银台，回到家后就迅速读了起来。

每翻开一页，你就会产生想要拍腿大赞的共鸣和感动。你读得忘记了时间，最后在满满的成就感中读完了这本书。

“真是本好书啊！”你一边感叹一边把书放进书架。可是，两三天之后，你的感动之情减淡，渐渐地，你忘记了书中内容，甚至连读过这本书这件事都记不起来，随后又开始阅读别的书籍。

你是否有过这样的经历？这样岂不是好不容易抽时间读了书却无法给你带来任何益处。

或者你是否有过这样的烦恼？“明明有很多必须阅读的工作书籍和资料，但是怎么都读不快”或“没法把书中的内容用于实践”。

需要大量阅读与工作相关的书籍和资料时，你不得不快速阅读。

但重要的其实不单是读得快，你还必须将从书本上得到的知识在工作和学习中学以致用。在读的时候，你必须考虑到“输出”，能够让这一切成为可能的就是——“整读法”。

在第一章的“阅读克星（Killer Reading）法”中，我们把重心放在了“输入”上，在“整读法”中，则要求你更加重视“输出”。

所谓“整读法”就是这样的读书方法：

- **一本书15分钟内读完**
- **将书中得到的信息归纳在“一张纸”上**
- **把书中的内容准确地讲给他人听或将书中内容学以致用**

不需要复杂的训练，你需要的就是“一张纸”。

接下来的第3章和第4章中，我们体系化介绍7种类型“整读法”。

如果你能根据你的目的使用好这7种“整读法”的模板，你就能收获很好的速度效果。

【把读到的内容讲给他人听】

“整读”可以用在各种各样的场合，资格考试、事业或者策划的开发方案、问题解决、宣讲回报，或者给客户的提议等。

《思考的整理学》（CHIKUMA文库）的作者外山滋比古先生曾说过下面这段话：

> 孜孜不倦地读书，读书能使知识增加。可用的材料越来越多，但整合也越发麻烦。于是，很多努力的人虽然读了很多书，但是却无法留下真正的作品。

如果只是读书，即便知识增加也不一定会结出成果。解决这个问题的良方是：“**总之，试着写一写。**”外山滋比古先生强调说：“写作是整理思路的一个重要方式。”

我们也要把光读书这个习惯，转化为带着“讲述给别人听”的意识去读，完成以“阅读、写作、汇报”为模式的整个读书过程。

23 把读过的内容运用在工作里

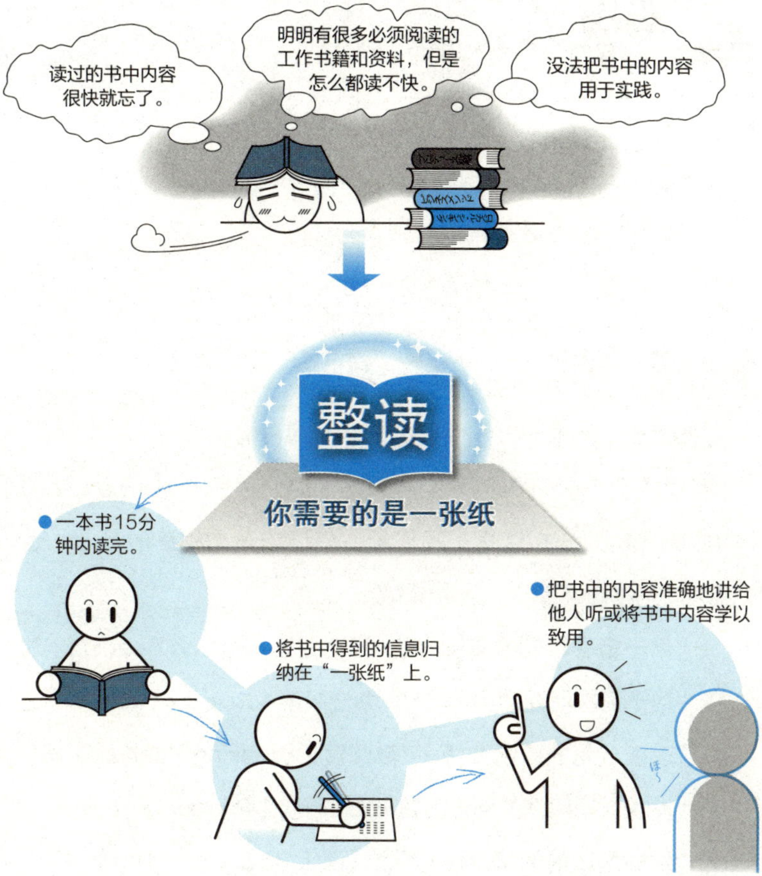

POINT **把光读书这个习惯转化为带着“讲述给别人听”的意识去读。**

24 “整读法”的基本步骤1—2

◇提出具体的“问题”

【你想从书中获得什么——从7种“整读法”中选择】

“整读法”要求你首先明确阅读此书的目的。

有些人读书时目的暧昧不清，这样即便读完书也可能无法用书中内容指导实践。在这里，我们的“整读法”把阅读的目的（也可以说是按“输出类型”）分为了7类：

1“用于指导行动的阅读方法=行动阅读（Action Reading）法”

2“用于解决问题的阅读方法=办法阅读（Solution Reading）法”

3“改变视角的阅读方法=突破阅读（Breaking Reading）法”

4“发现原理阅读的阅读方法=原理阅读（Principal Reading）法”

5“发掘本质的阅读方法=万能阅读（Master Reading）法”

6“寻求大师指点的阅读方法＝《圣经》阅读（Bible Reading）法”

7“引导未来的阅读方法=预见阅读（Visionary Reading）法”

你需要的是“行动”吗？是“本质”吗？还是“未来”？根据你不同的需要，选择不同的阅读方法。按照不同的目的，选择不同的

“一张纸”模板，一边阅读一边使用。

【整读的6个步骤】

“整读法”包含了以下6个基本步骤。时间为15分钟。

①明确目的

②提出问题

③选出16个关键词

④进一步筛选出3个关键词

⑤导出一个行动

⑥用30秒钟进行说明

让我们来举个例子，按照这个顺序进行分析。

步骤1　明确目的

现在你处于二十几岁的阶段，正在考虑跳槽的事情。于是，你拿起某位职业顾问写的书。在你阅读这本书之前，让我们先来明确阅读该书的目的。

“想知道成功跳槽的秘诀”这样的目标太过于抽象。那么再具体一点，我们可以把目标设立为“我想跳槽成功，实现一年之后年收入为1000万日元”。

步骤2　提出问题

接下来，我们具体设定你想咨询作者的问题或者说想通过阅读本书所得到的收获。

如果“问题”暧昧不清，那么你只会得到暧昧不清的答案。要像下面这样，设置出能引领具体行动的问题。

“为了实现一年后达到年收入为1000万日元的目标，你在这之前必须放弃什么？必须磨炼什么？然后为了跨出这一步，你从明天开始需要采取怎样的行动？”

这样一来，你就能从书中得到具体的“答案”来回答你的问题——“为了达成目标需要做什么？”“什么样的方法可以帮助达成目标？”然后，假定自己正在接受作者15分钟咨询一样，开始阅读这本书。

接下来就终于到了第三步——花15分钟整读。

24 配合读书目的的7个整读法

POINT

在读书之前明确阅读此书的目的。

25 “整读法”的基本步骤3—4

◇筛选关键词，导出“一个行动”

【在模板的16个方框里填入关键词】

步骤3　选出16个关键词

设定了具体的“问题”后，接下来的15分钟就是一决胜负的时间。在第三步中，你需要筛选出16个关键词。

接下来，我们使用应对7种不同目的的模板。在第109页中展示的是我们在第一章（第29页）中介绍过的“阅读克星（Killer Reading）法”的模板。我们可以将它作为模板使用。在左侧的16个方框内，填入你选出来的关键词。

16个方框具有“外表梳理（整理）”和“数量限制（选择）”两个功能。

如果只记录阅读笔记的话，关键词容易变得分散，但我们通过设置方框填入方框这一步骤，就起到了整理分类关键词的作用，让其有一目了然的效果。

而且，通过“16”这个限制，也可以制止自己在阅读时任何东西都想往里添加的冲动，能够较为冷静地进行“自行选择”。

接下来，我开始介绍筛选的方法。

首先，你需要看一看书的封面、腰封以及作者的简介。阅读封面及腰封，揣测此书的主题，再通过作者简介来了解其背景和专业程度。

接下来，浏览前言和目录。

随后，阅读正文，从正文中选出16个关键词。这一步花去10分钟时间。选出与在步骤2中设定的问题相关的关键词，一个关键词大约花费30秒的时间，筛选出来后填入方框中。

不要一字一句地阅读，而是以翻阅杂志的速度来大致浏览，将关键词一个个抓出来。

步骤4　进一步筛选出3个关键词

在第四步中，我们进一步筛选出3个关键词，填入三角形的三个圆框中。

然后，我们与之前选出的16个关键词进行对比，同样的内容用相同的颜色画上圆圈，有关联的关键词用箭头和线连接起来。总之，采用在觉得重要的词上面用红色圆圈表示等方法，让它们更加醒目。

选出的关键词要能够接近“问题”的“答案”。

这样将16个关键词进行整理之后，用“自己的语言”表现出来。你筛选出来的关键词，只是从作者那里“借来的语言”。要把它转换成自己的语言才是自己的东西。

这样反复练习，你就拥有用自己的语言来打动对象的表达能力了。

步骤5　导出一个行动

从步骤4中筛选出的3个关键词中导出你明天就能开始实践的一个行动。这就是在第二步中设立的“问题”的“答案”。

步骤6　用30秒钟进行说明

最后，用自己的语言说明你通过“整读”有什么收获，决定开始实践什么。

使用了这3个关键词和一个行动，你就能够在30秒钟之内进行有条理的简短说明。

以上6个步骤就是“15分钟整读法”的基本流程。

25　“整读”的6个步骤和基本格式

● **“整读”的6个步骤**

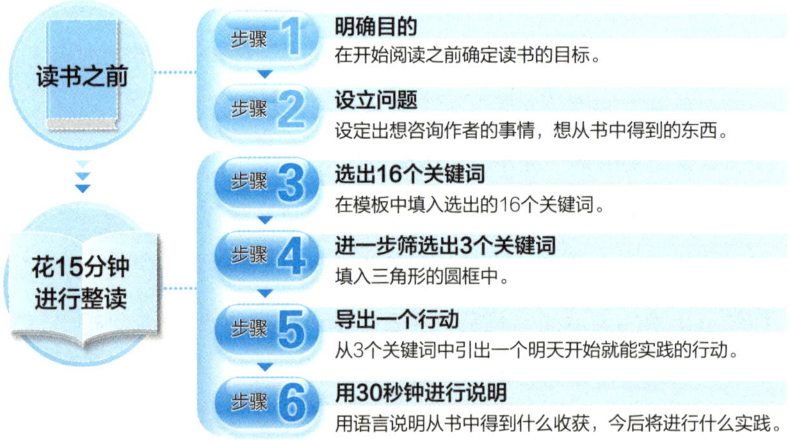

● **最基本的整读模板**

关键词1	关键词9
关键词2	关键词10
关键词3	关键词11
关键词4	关键词12
关键词5	关键词13
关键词6	关键词14
关键词7	关键词15
关键词8	关键词16

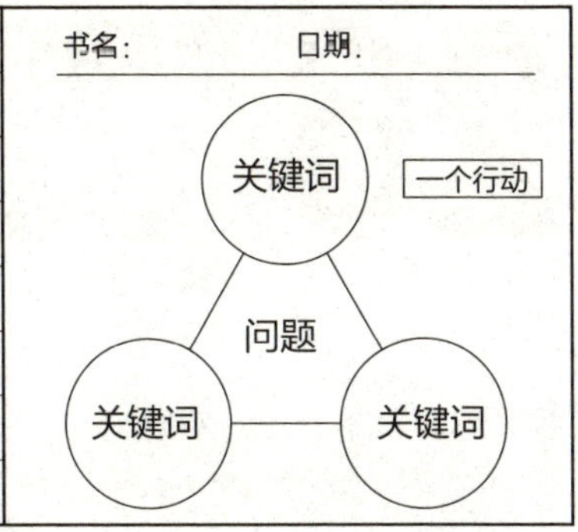

POINT

使用了这3个关键词和一个行动，你就能在30秒钟内进行有条理的简短说明。

26 指导行动的阅读①

◇"行动阅读（Action Reading）法"的步骤1—3

【向池上彰[①]学习简洁易懂的写作方法】

你刚毕业一年，不擅长逻辑性思考。在写报告或计划书时，经常不由自主地把各种各样的东西都往里面加，写得满满当当。为此，你常被上司批评："你把事情说简单明了点！""你到底想要说什么？"你为了想个解决办法而苦恼不已。

今天我就借此机会在此介绍一种可以指导实践的阅读方法——"行动阅读（Action Reading）法"。所使用的模板就是最基本的整读模板。（参照第113页）。

我们用以下两个标准选择用来实践"行动阅读（Action Reading）法"的书：

①能否产生共鸣？

②是否与解决现在的课题有直接联系？

---

① 池上彰：日本职业记者，特约教授。代表作《赢在残酷世界的沟通力》。

在这两个标准的指引下，你拿起了一本书。

这就是——池上彰的《传达力》(PHP商务新作)。

步骤 1　明确目的

通过本次的“行动阅读（Action Reading）法”你要获得的是“1 Action（一个行动）”。这个“行动”要具有以下两个特征：

“无论如何你都想尝试的行动！”

“从明天起自己就能着手！”

在这里，我们的目标“1 Action”就是——掌握简洁易懂的文章写法。

步骤 2　提出问题

在方框中填入“问题”。提出下面这样的“问题”。

“为了像池上彰那样，写出简洁易懂的文章，我从明天开始就能实践并养成习惯的‘1 Action（一个行动）’是什么?”

随后的步骤则以该“问题”为基础逐一进行。

步骤 3　选出16个关键词

把“问题”放在三角形正中央后，就开始15分钟倒计时。

在书中，主要去寻找你认为与“问题”有关，值得效仿、必须一试的做法，并且选取关键词。除此之外，你也可选出自己觉得重要的内容。一共选出16个关键词。

首先，粗略浏览一下封面、目录、人物简介和前言。

接着，左手快速翻动书页，一边在心中感叹：“原来如此，他以前那样实践过，才能写出今天这种简洁易懂的文章。”“一定要试试这个！”“这就是池上彰的《传达力》的精髓！”以这些打动你心的地方为中心，选出与“问题”有关的关键词，一个一个填入方框中。这次我们选出了以下几个关键词：

“传达、想传达”“30秒规则”“骄傲自大，便看不见事物的本质”“想要输出，必有输入”“一有决心去做某事，马上记下来”“光是死记硬背的话，掌握不了”“绫小路你我间富有爱意的情话”。

像这样，选出16个关键词后，我们就可以进入下一步了。

26 “行为・导向”的模板

首先，填入“问题”

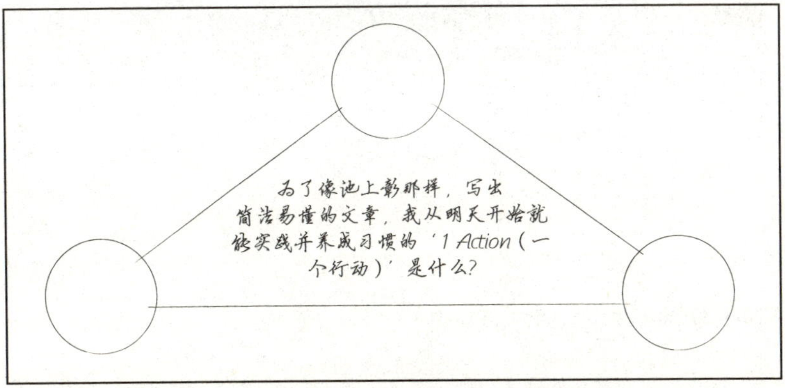

选出16个关键词

选出与“问题”有关，并且觉得值得效仿、必须一试的做法，也可选出自己觉得重要的内容。

传达、想传达	一有决心去做某事，马上记下来
30秒规则	光是死记硬背的话，掌握不了
骄傲自大，便看不见事物的本质	绫小路你我间富有爱意的情话
想要输出，必有输入	

POINT 首先，粗略浏览一下封面、目录、人物简介和前言，然后进入正文。

27 指导行动的阅读②

◇“行动阅读（Action Reading）法”步骤4—6

【把作者的语言变为自己的语言】

步骤4　进一步筛选出3个关键词

通读全文，从与16个关键词有关的地方锁定3个关键词。最后，被锁定的3个关键词就是：

①一张NHK A4纸

②使用音读（精练语言）

③记录有感触的地方

锁定关键词时，将作者的语言转化成“自己的语言”。这样一来，你能把在借鉴而来的词汇的基础上所理解到的东西，用自己的语言进行组织思考。这里所选取的3个关键词的意思如下所示：

①一张NHK A4纸

文中有这样一句话，“不管什么规模的节目，10分钟左右的短时间节目，还是一个半小时的特别节目，都要写在一张A4纸上”，也就是“归纳在一张纸上”。选择这个关键词是因为觉得这点值得一学。

②使用音读（精练语言）

《传达力》教导我们的精练语言的方法，那就是“音读”。一把文章写出来，就采用音读（读出声来）的方法，以此来打磨语言。因为立马就能实际操作，因此就选择这个关键词。

③记录有感触的地方

我们从池上先生处所得到的重要信息就是“人一有感触就迫不及待想告诉其他人”。每天我们都会不自觉地发出“哇”“哎呀”这样的声音，把这些引发感触的事情记录下来，再告诉别人，我们就会发现这是一条提高表达能力的捷径。

步骤5　导出一个行动

从收集到的关键词中导出一个行动。

按照后两页的图所示，写着“一张A4纸”，你便画一张A4纸；写着“音读”，你便画一张嘴；“哇”的感叹你便画一个桃心；像这样将关键词图标化，就能轻松地将它们牢记于心。

那么，“一个行动”是如何导出的呢？我们来了解一下以下两种导出类型。

①从3个关键词中选出一个

比如，以“记录有感触的地方”为起点，执行一个行动。

一天记录三次让自己有感触的事情。

②将3个关键词综合起来

比如，按照这一系列动作依次进行：发出“哇”的感慨→记录在一张纸上→用“音读”精练语言→发布在博客里。

每天，将令自己发出“哇”的事情记录在分割成16份的一张纸上，从中选取一份，写到博客里。写的时候，使用音读将博客里的文字变得简练。

步骤6　用30秒钟进行说明

最后，用30秒钟说明读后感以及接下来的行动（参照第117页）。

怎么样？

通过“行动阅读法”，我们不但理解了池上彰想告诉我们的内容，并且还能将此付诸实际行动。

除此之外，我们还可以站在自己的视角说明全书内容。

27　用30秒钟说明书中内容

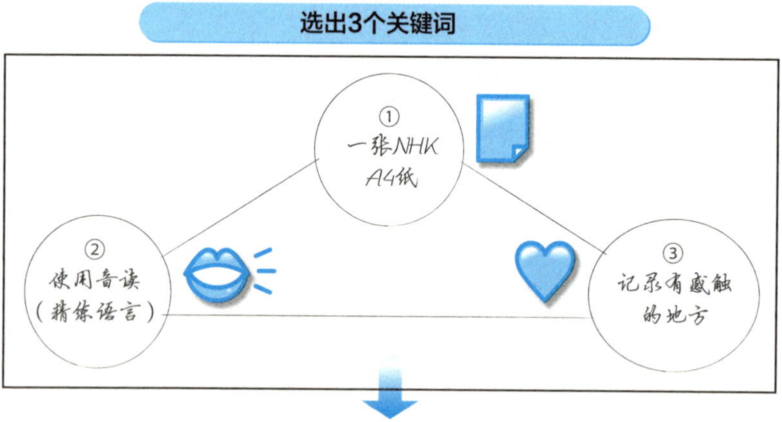

导出一个行动

①从3个关键词中选一个
或者
②整合3个关键词

↓

30秒钟说明书

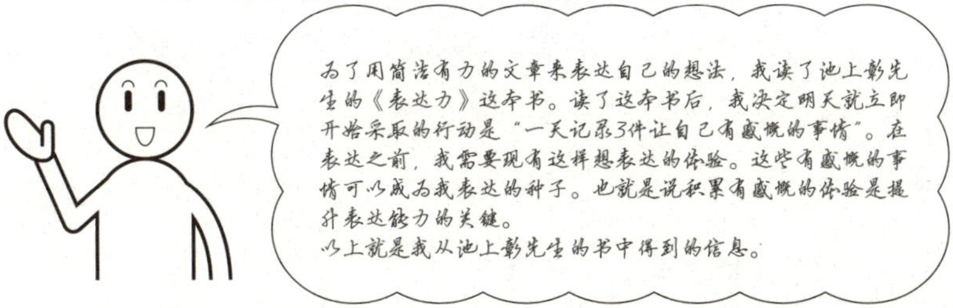

POINT

不但理解了作者想告诉我们的内容，并且还能将此付诸实践。除此之外，我们还可以站在自己的视角来传达书中的内容。

28 解决问题的阅读①

◇“办法阅读（Solution Reading）法”

【消除理想的未来和现状的差距】

你是否有过这样的经历？阅读完一本书后，却想不起自己之所以要阅读这本书的原因。

如果你读书只是为了娱乐，那么读完之后只需要觉得心情愉悦就行。可是，如果你希望将书中的要点运用到工作和学习中，你就必须通过读书得到一些具体的收获。

接下来我来为大家介绍一种可以让你将书本知识活用到工作中去“解决问题”的阅读方法——“办法阅读法”。

话说回来，“解决问题”这个词具体指的是什么意思呢？

所谓“问题”，其实就是“理想的未来”与“现状”之间的鸿沟。为了消除这个鸿沟，你采取了一些解决的策略，结果这个鸿沟就被消除了。这就是解决了问题。

如果我们把“问题”想作“墙壁”，把“解决”等同于“钥匙”，你理解起来也许就会比较容易。在读书之前，首先整理清楚自己面对的“墙壁”是什么，然后在书中去寻求突破这个“墙壁”的“钥匙”。

【将现状中的问题分为三份，填入解决策略】

首先，我们从模板开始说明（请参照第121页）。正如你所看到的“办法阅读（Solution Reading）法”的模板跟“故事型演讲”模板（第81页）非常相似。在两页笔记本纸的右边一页中，画出这个模板。

三个四边形如台阶一样分布，然后在四边形内填入“墙壁”的内容。“墙壁”就是你现在所面临的课题和问题。将现在的课题分为三份，然后把解决该课题的必要方案（钥匙）分别填入台阶的旁边。最后，用“一个信息”来表示“问题”所对应的“答案”。这就是该模板的使用方法。

这样一来，解决问题的步骤就视觉化了，便于你很清晰地把握。

在笔记本的左页上准备好16分割的笔记模板，然后筛选16个与“问题”相关的关键词。这里与“行动阅读（Action Reading）法”的方法一致。

这个模板用在会议等需要发言的场合非常便捷。你就可以像下面一样进行说明。

“我们营业部，现在面临着这样的问题……为了克服这个问题我们准备了解决方案……具体来看，现在我们有三面墙需要跨越。它们分别是……克服这些墙壁的关键在于……从以上内容中，我们得到了……的结论。”

“有三面墙需要跨越。克服第一面墙的关键是……”

以这种方式说话，任何人都可以在30秒钟之内对一个问题进行说明。这就是这个模板的特别之处。

接下来，我们就立刻用这个“办法阅读（Solution Reading）法”来读一本书试试。

28 “办法阅读（Solution Reading）法”模板的使用方法

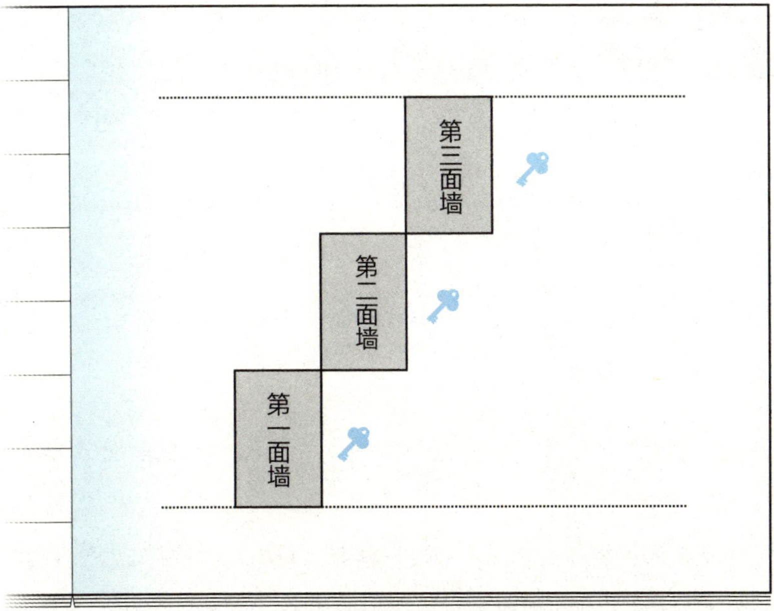

模板的右页

在三个“墙壁”的地方填入当下所面临的课题和问题

↓

把解决该课题的必要方案（钥匙）分别填入台阶的旁边

↓

用“一个信息”来表示“问题”所对应的“答案”

POINT

将解决问题的步骤通过模板视觉化。

29 解决问题的阅读②

◇“办法阅读（Solution Reading）法”的步骤1—3

【给自主创业的后辈出主意】

假设你大学后辈A君来找你商量。A君在大型保险公司做营业员。

“我想两年之内从公司出来自主创业。我应该做些什么呢？我在想是不是应该去参加创业者学习之类的讲座，你有什么推荐的地方吗？我也想着多读一些书准备大量的知识，我该读些什么书好呢？”

为了给后辈出主意，你来到书店拿起一本书。《作为武器的决断思考》（讲谈社）这本书的作者是东京大学毕业，在京都大学工作的泷本哲史。你觉得这本书中应该有A君想知道的内容，于是决定买下这本书。

用“办法阅读（Solution Reading）法”开始阅读之前，我们需要进行3个步骤。

步骤1　设想“理想的未来”

你在听完A君的话之后感到了一丝不安。

这是因为“A君似乎有太过于‘以知识为中心’的倾向”。有“去参加创业者学习讲座”“读书”这些想法可能是因为他觉得要想自主创业需要学习。可是，想自主创业成功，比起学习更重要的是具有独立工作的思想准备。

于是，现在你首先要做的是思考“你希望A君变成什么样子”，也就是A君的“理想的未来”。比如，这样：

把他这种容易被信息和知识所左右的“知识依赖型”性格，变为积极动脑，独立思考展开行动的行动派。

我们将这个理想的姿态命名为“创业者头脑”。

步骤2　设立“问题”

决定了“创业者头脑”这个理想姿态后，我们就要设定出“问题”——我们想从书中得到什么。我设定的是这个“问题”：

为了避免A君被知识和信息冲昏头脑，让他能够发掘赚钱的商机，具备行动力强的“创业者头脑”，我们需要做些什么？

步骤3　设定“三面墙壁”

我们以问题为中心设定“三面墙壁”。

用在“理想的未来”以及“问题”中出现的“立即行动”“发掘”“不被信息和知识冲昏头脑”“积极开动脑筋”“知识困境”“自主思考”“自主行动”“企业家头脑”等关键词思考A君所面临的墙。

在此，我设定了以下三面墙。

第一面　输入墙

第二面　过程墙

第三面　输出墙

为了不被信息冲昏头脑，A君似乎需要克服信息输入方面的问题。

然后，为了让他能够积极动脑，也需要克服一些困难。

还有，从他做事不果断有些犹豫的性格中，感觉他在输出方面也有问题。

于是我就设定了这三面墙。

29 开始读之前先设三面墙

步骤1 设想“理想的未来”

A君有容易被知识和信息冲昏头脑的倾向

↓

考虑理想的未来状况

不被知识和信息冲昏头脑，独立思考，发掘赚钱的商机，立刻行动

创业者头脑

步骤2 设立“问题”

为了A君不被知识和信息冲昏头脑，发掘赚钱的商机，具备立刻就能进行实践的“创业者头脑”，需要做些什么？

步骤3 设定“三面墙壁”

被知识和信息冲昏头脑

第一面　输入墙

A君不怎么爱动脑

第二面　过程墙

A君做决定不果断

第三面　输出墙

POINT

用在“理想的未来”以及“问题”中出现的关键词来设置“三面墙”。

30 解决问题的阅读③

◇“办法阅读（Solution Reading）法”步骤4—7

【从三个关键词中导出一个信息】

步骤4　选出16个关键词

我们终于可以开始读书了。如第129页的模板中展示的那样，我们将16分割表格分为四个大类型：“输入墙”“过程墙”“输出墙”“其他”。

接下来，我们一边翻书一边把与突破这些墙壁有关的解决方案的关键词选出来，然后填入方框中。在“其他”这个方框中，填入那些虽然跟“三面墙”没有直接关系，但与“创业者头脑”有关的词。

在这四个分类中，各自选出四个关键词就可以。

步骤5　筛选出三把钥匙

整理填入方框中的关键词，用四种不同颜色的笔进行分类，用红色的圆圈表示强调，箭头表示相互关系，一边标注一边思考。

结果，我选出的词就如下所示。

钥匙1=背面的信息“输入能力”

有价值的信息总是在“背面”。如果只关注面向大众开放的信息（硬币正面），那么很有可能找不到“赚钱的商机”。与“能够赚钱的商机”所关联的信息，需要你翻转硬币进行发掘。输入“硬币背面”的信息这是具备“创业者头脑”的关键。

钥匙2=由“问题”引发的“思考能力”

制造出来就能卖出去，这种有“正确答案”的时代已经结束了。在这个“没有正确答案”的时代里成功的关键在于“思考能力”。不是去引入商业模式和技术，而是用自己的头脑去设定“问题”并拿出“最佳解决方案”。即便从书本和网络中找到了“赚钱商机”，没有“思考能力”作为土壤，你的商机种子照样长不大。

因此，比起“正确答案”你更需要培养的是“思考能力”。在每天的实践中打磨自己，这是拥有思考能力的关键。

钥匙3=两者选其一的“决断能力”

找到了“赚钱商机”，感觉“像这样培育之后，就能成为自己的事业”，有了这样的假设后，那么首先你就要从“做/不做”这两个选择中选出一个，然后从各种角度中去对其进行验证。

输入的关键就是首先两者选其一，在“做/不做”中做出选择。

步骤6　凝结成一个信息

以上三面墙设定之后，你就找到了突破的三个钥匙。这个过程结束后，凝结成的信息，就是你要具备“创业者头脑”所需的“三个能力”，你需要将它们牢牢掌握。

步骤7　用30秒钟来表达

如第128-129页中这样告诉A君。

利用“一个信息”“三面墙壁”所对应的“三把钥匙”来进行说明，你就可以在30秒钟内简洁有力地让他明白你的意思。

不断地实践“办法阅读（Solution Reading）法”后，你不但可以提升解决问题的能力，进行汇报演讲的能力也会有戏剧化的提升。请你务必实践一下吧。

30 找到攻克障碍的“钥匙”

步骤4 选出16个关键词

输入墙	过程墙	输出墙	其他

步骤5 筛选出三把钥匙

从关键词中整理思路，筛选出三把钥匙。

步骤 6 凝结成一个信息

掌握成为创业者头脑的“三种能力”

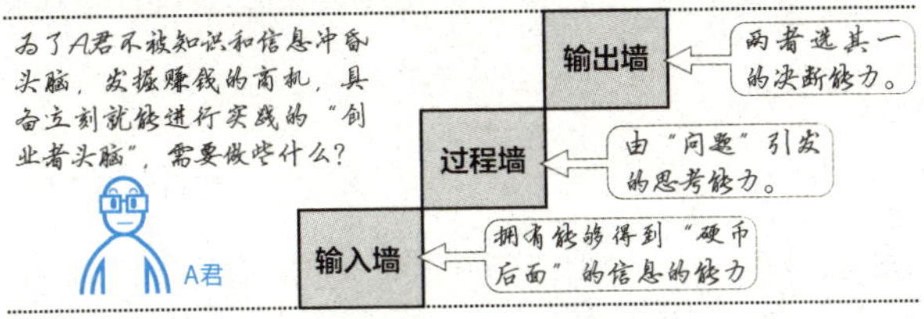

步骤 7 30秒钟表达

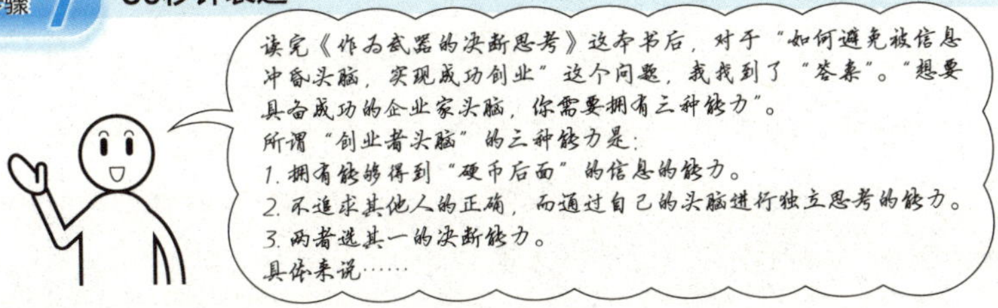

POINT

不断实践“办法阅读法”，你解决问题的能力以及汇报演讲的能力都会有戏剧化的提升。

专栏 3 技巧书的挑选方法

在本节中，让我为大家介绍技巧书的挑选方法。挑选标准很简单，只有一点——你是否与作者产生“共鸣”。

我们的目光很容易就会被“厉害的技巧书”这样的字眼所吸引，但比起这些技巧书中介绍的技巧，你更要看重的应该是能否与作者产生共鸣。

用我自己的例子来说，以前我常常因为觉得“哇，有这种技巧的话，肯定棒极了”，就会拿起一本技巧书和自我开发的书。但结果却是心底无法与这个作者产生共鸣，接受不了书中的观点，总之无法去按照书中所说的“行动”去实践。

“学习”就是“模仿”。

从写着让你觉得很想模仿的行动的书中挑选出“一个行动”加以实践吧。

我认识一个年轻风趣的企业管理男士。他做事情有些呆头呆脑，常常四处碰壁，很多事情都半途而废，结果毫无成就感地过了自己二十几岁的前半段。

后来有一天，他突然起念“我再也不要过这种人生了！”，于是决定采取“一个行动”，每天以早上实践这行动为起点开始自己的一天。

这一个行动就是——

“从左脚开始穿袜子”。

就是这样一件简单的事情。

可是，从这一个行动开始，他开始慢慢地养成了一个又一个习惯。

后来，他就像《稻草富翁》[1]那个故事的主人翁一样，一步一步攀上了成功的阶梯。这一切的开端就是“一个行动”。

从这小小的一步开始，他的现状发生了变化。

我想告诉大家的就是，比起那些“厉害的技巧”，“一个行动”更为重要。

在我二十几岁到三十几岁的时候，就为了寻求“厉害的技巧”，阅读了大量介绍技巧的书籍，参加各种学习技巧的讲座，在网上买了《信息创业》《市场营销》《销售邮件写作》等介绍技巧的书籍。说起来也觉得很惭愧，我为了拥有更多的技巧，在这方面投资了上千万日元。

现在回想起来，与其花时间、金钱、精力去学习技巧，我还有更重要的事情要做。那就是“一个行动”。

不要让信息过多，而是简单地去实践“一个行动”。这样一步一步走下去，你的未来之路就在面前展开了。

你也实践一下吧！不要被大量的信息冲昏头脑，不要迷信太多的技巧，通过15分钟的“整读”来引出“一个行动”，并坚持实践下去。

---

①《稻草富翁》：日本童话故事，故事描述了一位穷人，从最初拿到的稻草，经过多次以物易物，最后成了大富翁。

第4章

将书本知识在工作中学以致用的阅读方法

31 改变视角的阅读①

◇"突破阅读（Breaking Reading）法"的步骤1

【乘坐地铁的女性乘客有什么共同需求？】

假设你在管理咨询公司工作，这时，你的一位在地铁运营公司新事业开发部门工作的朋友A君打电话给你。

"现在我们部门正在策划将B站内部进行全面翻新，明天就需要向政府官员提供我们公司的方案，可是，我怎么也想不出好的方案。你能不能帮帮我？今天傍晚6点钟左右，如果想到好方案，请发邮件给我。只需要大致的框架就行。如果你的方案能被采用，那么我们公司就让你做该项目的顾问。"

你一番询问之后，发现这次站内翻新的目标客户群是"乘坐地铁的女性乘客"。

可你现在不得不去拜访自己的客户，没时间坐下来仔细思考。在简短的空闲时间内，你必须得帮这位朋友想出方案来。这个时候你可以使用的就是"突破阅读（Breaking Reading）法"。让我来通过一个例子给大家讲解这个方法的流程。

【前往现场寻找“问题”】

步骤1　提出“问题”

这次的目标群体很明确。于是，你可以抱着明确的问题意识：“乘坐地铁的女性乘客是什么类型的人？”“她们有怎样的喜好，希望在地铁站内得到怎样的服务？”带着这样的问题意识，你亲自去乘坐地铁试试。

这样一来，你会发现女性乘客的行动模式分为5种：

①死死盯着手机屏幕的。

②坐在座位上打瞌睡的。

③阅读书报杂志的。

④翻看好像是与工作相关的书籍的。

⑤跟朋友或同事聊天的。

白天乘坐地铁的女性乘客的行动可以分为这5种，其中，不时还会看见戴着口罩的女性。

分完类后，你开始考虑这些女性乘客之间的共同点。

这时你想到的是“她们都很疲惫”。

以这个视角为突破口进行进一步思考后，你发现了很多不同的点。

比如说：“工作和生活中的烦劳会让她们在精神上感到疲惫。”“车厢中有胃病药和感冒药的广告。有些女孩还戴着口罩，看来疲劳可能给身体健康造成了影响。”“看车厢中的女性杂志上的广告，你发现有很多去皱、去斑的，广告上还有漂亮嘴唇的美女，以及各种有视觉震撼力的报道。”“疲惫很容易就显现在女性脸上。”

通过这些观察，你脑海中浮现的“问题”就是“什么样的站内服务能消除乘坐地铁的女性乘客们在‘内、外、心’三方面的疲惫？”。

这里的“内”指的是“身体内部”。“外”指的是“脸”。“心”指的是精神方面。你开始思考什么东西在这三方面有缓解疲劳的功效。

31 乘坐地铁的女性乘客有什么共同需求?

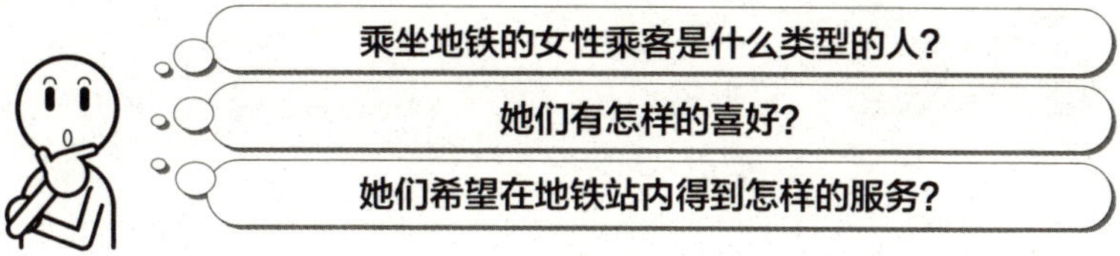

什么样的站内服务能消除乘坐地铁的女性乘客们在“内、外、心”三方面的疲惫?

POINT

通过设定明确的“问题”来大幅度提高输入信息的质量。

32 改变视角的阅读②

◇“突破阅读（Breaking Reading）法”
步骤2—3

【从杂志中寻找灵感】

步骤2　选出关键词

这次我们使用的资料不是书，而是分别针对十几岁、二十几岁、三十几岁、四十几岁女性的杂志各一本。

所需的模板如第141页中所示。在中间的圆中填入“问题”，然后阅读四本女性杂志，找出各个年龄阶段与“疲惫”相关的关键词。

杂志内容是按照目录写作而成的，因此将目录作为重点进行阅读，中间详细内容的部分可以作为其辅助。

针对各个年龄阶段的杂志，按照逆时间顺序，十几岁女性的*Seventeen*、二十几岁女性的*JJ*、三十几岁女性的*Oggi*、四十几岁女性的*Story*，分别用十分钟的时间阅读这些各个年龄阶段的杂志并从中挑选关键词。

在十几岁女性的杂志中，我们挑选出：眼睛的充血部位、交男朋友的方法、化眼妆、偶像、恋爱能力等。

从二十几岁女性的杂志中，我们挑选出：被珍爱的女性、温暖的美女、绝对漂亮、能保佑愿望实现的首饰。

从三十几岁女性的杂志中，我们挑选出：迅速变身美女、与烦恼的生活进行战斗、眼睛周围、戴在身上就觉得快乐的首饰。

从四十几岁女性的杂志中，我们挑选出：面部美容、皮肤美容、内外美容、超级补钙只需23,760日元、使四十几岁的职业女性闪闪发光的另一个理由是“嘴角美容”等。

步骤3　整理信息

接下来，使用四种颜色的圆珠笔，将关键词整理为四类：“内（体内调节）”“外（面部）”“心（精神层面）”“其他”。同一项目中的信息用同样的颜色来表示，在看似比较核心的信息中画红色圆圈，然后将各自分散的信息关联起来。这样就做出了“信息地图”，再从信息地图中发掘能够成为策划案主题的关键词。

浮现在我脑袋中的关键词是“charge（充电）”。“像在便利店里能够充电一样，如果地铁站里能有鼓励人们打起精神的地方的话……”

通过这样的视角来进一步看这个模板，你就会发现这个模板上零星的信息变成了一个连贯的故事。成了类似下面这样的故事：

• charge　我在地下充电

地下有能量。为了乘坐地铁，我从地上降到地下。这一瞬间，我感受到了来自地下的力量。

就像地下生成的岩浆给地球带来了财富一样，地铁的能量站也给我补充了能量。

这就是通过“突破阅读（Breaking Reading）法”找到的策划案。

“突破阅读（Breaking Reading）法”的关键在于以下几点：

- **在现场设立假设和问题**
- **通过杂志制作“信息地图”**
- **从“信息地图”中找出策划创意**

不光使用头脑，使用身体也可以创造出优秀的方案。

思路停滞不前的时候，请务必试试“突破阅读（Breaking Reading）法”这个方法。

32 使用“突破阅读（Breaking Reading）法”的模板

选出关键词

使用四种杂志，各用十分钟的时间选出与“问题”相关的关键词

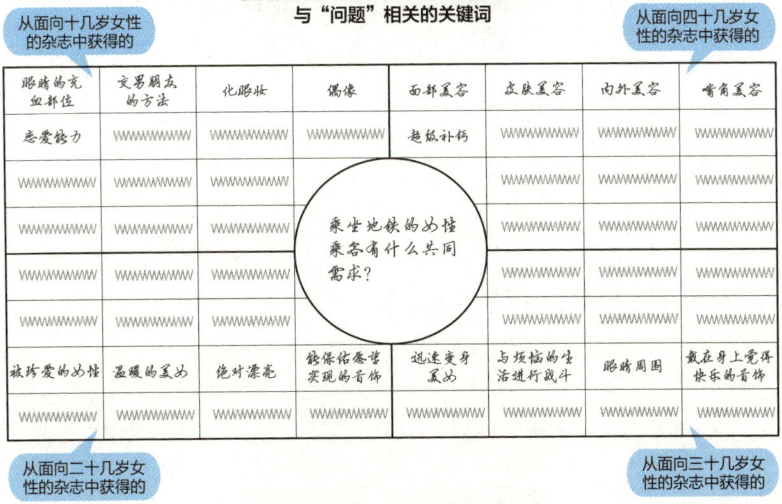

整理信息

使用四种颜色的圆珠笔，将关键词
整理为四类：“内（体内调节）”“外（面部）”“心（精神层面）”“其他”

↓

将信息串联起来绘制“信息地图”

↓

发掘出能够成为策划案主题的关键词。

> **POINT**
>
> **不光使用头脑也使用身体。思路停滞不前的时候，试一试“突破阅读（Breaking Reading）法”。**

33 寻找原理原则的阅读①

◇"原理阅读（Principle Reading）法"的步骤1—2

【将阅读经验活用到工作和生活中】

读书的人分为两种类型。

一种人可以将阅读经验作为血肉，活用到工作和人生中。另一种人则办不到。

他们之间的差异就在于是否能够抓住"原理阅读"。

通过读书，如果你不单是知道了解决问题的方法，还掌握了普遍通行的原理阅读，那么你便能应对任何问题。

因此从现在开始，我们介绍一种阅读方法，它能让读书经验变为你的血肉，它就是——"原理阅读（Principle Reading）法"。

这次我们用被称作管理层圣经的经典名著戴尔·卡耐基的《人性的弱点》来举例说明。

这是一本内涵深刻的书，但只要我们使用了"原理阅读（Principle Reading）法"，我们就可以有效地提取该书的精华。立刻一起来实践吧。

【将A3纸放到一旁来制作模板】

你是负责某个美容沙龙的企业顾问。

这个美容沙龙的店长是24岁的A先生，他正为了如何培养和指导店员而烦恼。你为了帮助A先生，于是决定使用“原理阅读（Principle Reading）法”这个方法阅读《人性的弱点》这本书。

因为这本书内容极为丰富，所以我们只选用书开头的70页中“动人的3个原则（全部共3节）”。

以15分钟为单位，每15分钟阅读一个章节，选出一个信息。因为总共3个章节，所以共计需要花费45分钟的时间。

接下来的15分钟从3个章节整体中抽出“动人的原理/原则”。全部下来总计60分钟。

步骤1　准备模板

（参考第145页的图）准备一张A3纸，将其分为4份。

在左上方填入从第1节中抽出的一个信息。

在左下方填入从第2节中抽出的一个信息。

在右下方填入从第3节中抽出的一个信息。

在右上方填入抽出的原理原则。

除去右上方的内容，另外三个都是“行动阅读（Action Reading）法”模板的变形，从16分割方框变成了12分割方框。

使用方法也与“行动阅读（Action Reading）法”基本同理，唯一不同的地方就是——你需要将大量的关键词和一个信息更加凝结化，总结成一个“原理原则”。

步骤2　设立问题

首先，把问题填入三角形右上角的中央位置。

这里的问题是——什么样的“打动人心的原理阅读”能让24岁的店长A先生信心满满地培训和指导店员？

接下来，以这个模板为标准，我们开始整读——15分钟×3部分（3节）。

33 “原理原则·导向”的模板

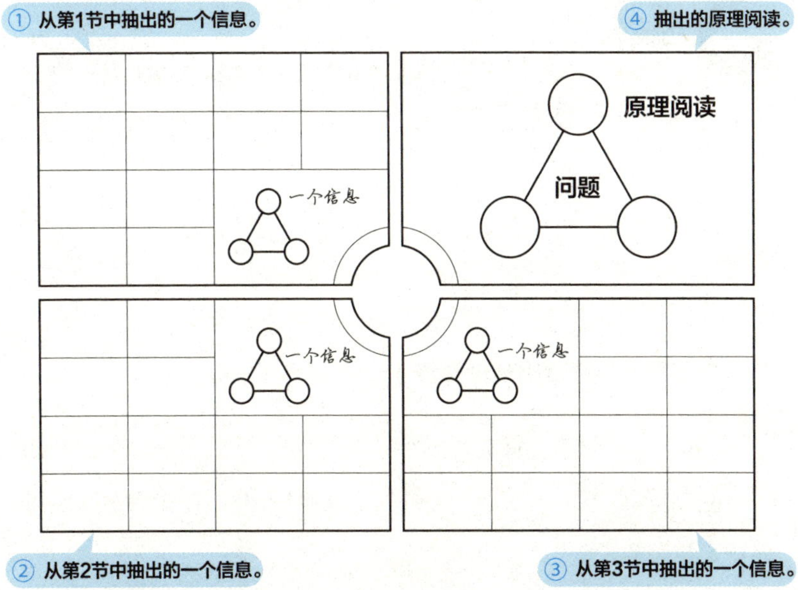

以15分钟为单位，阅读一个章节，将其精髓整理为一个信息。

（15分钟×3＝45分钟）

↓

接下来的15分钟从这3个章节整体中抽出“原理原则”。

（全部过程总计用时60分钟）

POINT **从书中找到原理原则，将读书经验活用到工作和生活中。**

34 寻找原理原则的阅读②

◇“原理阅读（Principle Reading）法”的步骤3—6

【从三个关键词中整合出一个信息】

步骤3　3次整读、每次15分钟

我们从各章节中选出12个关键词。从第1节开始按照顺序选出与“问题”相关的关键词填入模板中。

在第1节中，比如我们挑出了这些词：“罗斯福总统所说：‘如果是林肯的话，他会怎样做？’”“《父亲很健忘》这篇文章”“本杰明·富兰克林的××”等。

筛选的要点在于以专有名词、对比、因果关系、格言等为中心，挑选与“问题”有关的词。

比如，挑选本杰明·富兰克林成功的理由是“不说人坏话，总看到别人的长处”，像“坏话……长处……”这样的就是“对比关系”。

在填写关键词的时候，使用一些图标，让笔记有一目了然的直观感受。比如“心”画成桃心，“我”可以画成卡通人物，“好”=○，

“不好”=×，等等。

另外，我们没有必要将12个方框都填满。只要觉得够了就可以停止。然后，再从你挑选的12个关键词中挑选出3个。

在第1节中我们挑选了以下3个。

①罗斯福总统说：“如果是林肯的话，他会怎么做？”

②阿尔·卡彭也说：“我的心地很善良。”

③本杰明·富兰克林的“不说坏话，看长处”。

我们特别注意的是将关键词整理成“固有名词+台词”的形式。这样更容易记忆。

从这3条关键词中我们取得了这样一句话的信息：

“不批评。要表扬。”

按照同样的方式：“12个方格—3个关键词—1条信息”这样的步骤来将第2节和第3节中的精髓也整合出来。

步骤4 通过比较和关联来整理信息

把3个章节各自的3个关键词和1条信息筛选出来后，我们就可以用记号笔来整理了。

梳理整个模板之后，从3个章节的内容中抽出3个关键词。

①“不批评。要表扬。”

②“ALWAYS答案在对方的心中。”

③“给对方带去能够滋润内心的东西。”

这3个关键词的意思正如第149页中所示。给没有读过这本书的A先生说明的时候，可以像这样进行。

步骤5　将书的内容凝结成“原理原则”

最后，用一条信息来表述你得到的“原理原则”。我考虑到对象是24岁的店长，于是将“原理原则”整理成了这样一句话：

“常常表扬别人会给自己带来好运。”

这就是我用60分钟阅读《人性的弱点》之后，得到的“原理原则”。

“影响他人”的原理原则——常常表扬别人会给自己带来好运。

因此，下面这些事情很重要：

①“不批评。要表扬。”

②“ALWAYS答案在对方的心中。”

③“给对方带去能够滋润内心的东西。”

34 “原理原则·导向”的步骤

- 步骤1 准备模板
- 步骤2 设立“问题”
- 步骤3 分3组重复进行15分钟的整读（需要读3节的时候）
- 步骤4 将信息进行比较和关联
- 步骤5 选出3个关键词
- 步骤6 整理为“原理原则”

“影响他人”有3个秘诀。
第1个秘诀是——“不批评。要表扬。”
我们总是容易去关注那些“没有做到的事情”。可是，通过“批评和指责”是无法影响他人的。为什么？因为当人们越受到指责，心就像扇贝一样越封闭。就连那个阿尔·卡彭在面对指责的时候也会说：“我的心地很善良。”用这样的话，坚决不承认自己的过失。
“不批评。要表扬”。这才是能够影响他人的秘诀。
第2个秘诀是——“ALWAYS答案在对方的心中。”
卡耐基说这个世上只有一个影响他人的秘诀。这就是“给他人他们心中想要的东西=自己的重要性”。
为此，你必须停止思考自己的事情，而去倾听他人的心声。然后，去表扬他们。
一个孤零零的少年，在某个老师认可他的能力的瞬间，他感觉自己开启了新的人生。这个少年就是本杰明·富兰克林。
答案永远在对方的心中。
第3个秘诀是——“给对方带去能够滋润内心的东西。”
卡耐基说：“钓钩上面最好的就是放上鱼儿喜欢吃的东西。”影响人的唯一的方法，就是意识到这个人喜欢的东西，然后告诉他如何才能得到。
最后，总结“从这本书中得到的收获”，我觉得这本书教会了我这样一个原则——常常站在对方的立场上，从对方的立场来思考问题。

给A先生讲解3个关键词的意思以及“原理阅读”

> **POINT** 将厚重的书分章节整读，然后从中选出各自的关键词，将关键词整合后，从中导出一个“原理原则”。

35 洞察本质的阅读①

◇“万能阅读（Master Reading）法”步骤1

【通过一本书得到打开所有大门的万能钥匙】

酒店里有一把能够打开所有房间的万能钥匙。与之同理，工作能力强悍的人也有一把万能钥匙，通过这把钥匙可以解决多达十几个难题。

所谓工作和人生的万能钥匙，换句话说就是“洞察事物本质的能力”。如果能够洞察事物的本质，那么你就会发现“十个问题”实质上是“一个问题”。

对能干的人来说，即便是有“十个问题”，只要能够找到一个需要的“答案”，也能瞬间把这些问题都解决掉。

在本节中，我们要介绍的整读法就是“万能阅读（Master Reading）法”。这是一种能够让你拥有把复杂的问题变得简单的万能钥匙的阅读方法。

第153页中展示的就是“万能阅读（Master Reading）法”的模板。A4纸放在一旁备用。左侧留足笔记的空间。右侧画门。在里面填入本质性的问题（主题），在下面填入万能钥匙，以及与万能钥匙相关的“故事”。

接下来，我们来说明一下模板的使用方法。

【本质性问题一般潜藏在题目中】

这次我们阅读一本世界范围内的畅销小说理查德·科克（Richard Koch）的《改变你人生的80/20》（CCC Media House出版）。

步骤1 明确本质性问题（主题）

首先，我们要明确这本书的“本质性问题（主题）”。本质性问题（主题）大部分情况下就在书的大标题里。

我们可以说“改变你人生的80/20法则”的本质性问题（主题）就是“如何改变人生”。该书的大标题就明确地给出了这个问题的“答案（万能钥匙）”，也就是“80/20法则”。有些书就是像这样将回答“本质性问题”的“答案”总结在了题目中。

那么，“80/20法则”具体是什么呢？你浏览完目录后，就可以了解大致内容了。

那就是——使用了“80/20法则”，就可以从根本上改变你在“金钱”“战略”“顾客”“时间”等方面的行为方式。由此，引发“生产性革命”，让你的工作和生活都感到充实，让拥有幸福的人生成为可能。这就是本书要传达的关键点。

也就是说，《改变你人生的80/20》所写的就是“80/20法则生产性革命改变人生”这样的内容。

于是，我们可以将本书的本质性问题设置为“生产性革命”，并填入模板中门的地方。接下来，我们就来找能够打开这扇门的钥匙。

35 “万能阅读（Master Reading）法”的模板

×	○	?	故事

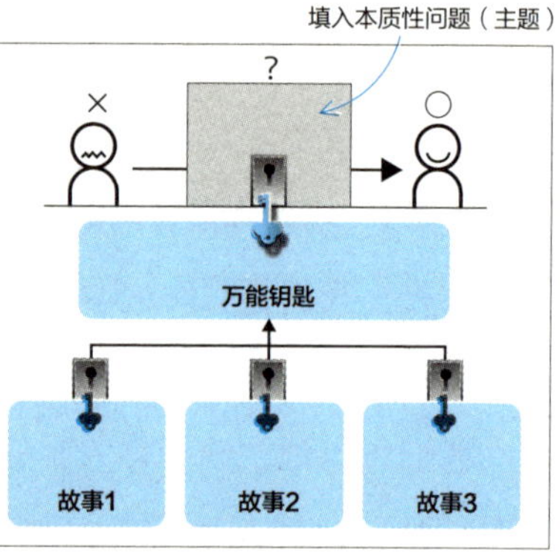

步骤1 明确本质性的问题

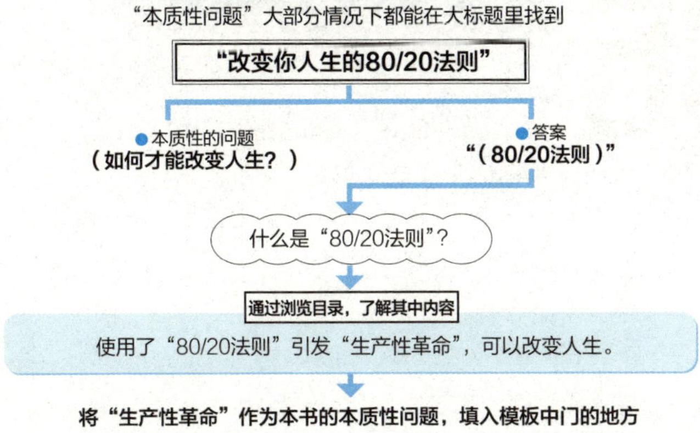

POINT

把能够将问题化繁为简的万能钥匙拿到手。

36 洞察本质的阅读②

◇“万能阅读（Master Reading）法”步骤2—4

【能改变人生的本质是什么？】

步骤2　填写笔记栏

接下来，我们对模板左侧的笔记栏进行说明。这个笔记的上方从左到右依次写着“×”“○”“？”“故事”等标题。

“×”表示错误行动和状态，从书中选出了以下这些“×的状态”：

- 到处插手
- 增加顾客
- 出力>用力
- 一开始不明白关键道理

“○”表示正确的行动和状态：

- 集中力量做重要的20%的事情
- 花更多的时间在重要的20%的活动上
- 思考什么样的20%的努力可以带来80%的成果

“？”则是你选出的能够代表“80/20法则”的本质的关键词：

- 用最少的努力得到最大的收益
- 核心20%的顾客
- 果断斩断80%的活动

最后把能够体现《改变你人生的80/20》的“故事”挑出来。

这就是牛津大学的连读/Filofax公司的股价18倍/曼斯坦因的矩阵/莎士比亚是小资产阶级，披头士是大富豪/尼克松的越南战争结束宣言/打破常规的3名企业顾问/丘吉尔、肯尼迪、撒切尔的交叉点等。

步骤3　将故事缩减为3个

把挑选出来的故事缩减到3个。我挑选了以下3个。

①牛津大学的连读。

②打破常规的3名企业顾问。

③丘吉尔、肯尼迪、撒切尔的交叉点。

步骤4　制作万能钥匙

接下来，我们终于开始揭露“80/20法则”的本质。

“生产性革命”的本质就是“简单化（simplicity）”。

①选择“具有绝对重要性的20%”，将力量集中在这20%上。

②丢弃“常识”“先入为主的观念”“没用的80%”。

③“喜欢才能做得好”，选择喜欢的来谋生。

④掌握“获得幸福的习惯”。

像这样，按照顺序将“万能阅读（Master Reading）法”的模板填充后，你就能找到万能钥匙了。

比起之前的整读，你可能会觉得更有难度，但没关系，按照顺序填进模板后，最后万能钥匙就会浮现在你眼前。

36 “万能阅读（Master Reading）法”的模板

步骤2 填写笔记栏

×	○	?	故事
到处插手	集中力量做重要的20%的事情	用最少的努力得到最大的收益	牛津大学的选读
增加顾客	花更多的时间在重要的20%的活动上	核心20%的顾客	曼斯坦因的矩阵
出力>用力	思考什么样的20%的努力可以带来80%的成果	果断斩断80%的活动	打破常规的3名企业顾问
一开始不明白关键道理	……	……	丘吉尔、肯尼迪、撒切尔的交叉点
……	……	……	……
……	……	……	……
表示错误的行动和状态	表示正确的行动和状态	你选出的能够代表“80/20法则”的本质的关键词	把能够体现《改变你人生的80/20》的“故事”挑出来

步骤3 将故事缩减为3个

①牛津大学的连读。

②打破常规的3名企业顾问。

③丘吉尔、肯尼迪、撒切尔的交叉点。

步骤4 制作万能钥匙

“生产性革命”
的木质就是“简单化”

①选择“具有绝对重要性的20%”，将力量集中在这20%上。
②丢弃“常识”“先入为主的观念”“没用的80%”。
③“喜欢才能做得好”，选择喜欢的来谋生。
④掌握“获得幸福的习惯”。

POINT

在填写笔记栏（×、○、？、故事）的过程中，万能钥匙渐渐地明了起来。

37 向师父请教式阅读①

◇“《圣经》阅读（Bible Reading）法”的5个要点

【从“改变人生的一本书”中找到师父的教诲】

对你来说，哪一本是“改变人生的一本书”？我就这个问题问过自己认识的企业管理者以及一些商务人士，他们给了我各种各样的答案。他们从这些书中得到的东西，就像师父的教诲一样，成为他们人生的坐标或者轴心。

“改变人生的一本书”简直可以称作人生的“圣经”一样的书。

在这里，我给大家介绍的**“《圣经》阅读（Bible Reading）法”就是通过与“改变人生的一本书”的对话，获得人生奠基“坐标轴”的一种整读法。**

通过这个方法，无论何时只要你需要，你都能把“师父的教诲”翻出来。大部分“人生圣经”都是内容超浓缩后的作品。为了攻克这种类型的书籍，“《圣经》阅读（Bible Reading）法”给出了5个要点：

要点1　分成小段阅读

像人生“圣经”一样的书，一章的内容就可能顶一本书。有些时候，很多书甚至一节或者两页就相当于一本书的内涵。要攻克这样的书，有一点很关键，那就是把书分成小段阅读。15分钟时间阅读一章，甚至有时两页就花15分钟。

要点2 反复阅读一本书

“人生圣经”就正如它这个名字所言，是值得我们在一生中反复阅读的书。

要点3 想象有真正的师父

比如，我们用“《圣经》阅读（Bible Reading）法”来阅读松下幸之助的书，你就可以想象松下先生就在眼前跟你聊天。

要点4 转变为“自己的语言”

好好咀嚼了“师父的话语”，消化完毕后，用“自己的语言”把它讲述出来，这一点非常重要。

师父的语言就像是宝石的原石。要将这个原石进行打磨，打造成叫作“自己的语言”的这个闪闪发光的宝石。

要点5 整读和熟读同时进行

“整读”的同时要进行“熟读”。如果我们将“整读”比作竖向阅读法，那么“熟读”就是横向阅读法。通过交织横向和竖向两种方法，才能将“人生圣经”从学到的智慧变成你自己的血肉和人生的食粮。

【“《圣经》阅读（Bible Reading）法”的两种类型】

“《圣经》阅读（Bible Reading）法”包含了两种方法。之所以包含两种方法，是因为“人生圣经”也分为了两种类型。它们分别是“启发型书籍”和“理论型书籍”。

“启发型书籍”的特征是每几页书中就有一个人生哲理。松下幸之助先生、稻盛和夫先生、安冈正笃、中村天风先生的书就是这种类型。

“理论型书籍”有《高效人士的七个习惯》《人性的弱点》，彼得·德鲁克的《管理的实践》等，这些书就是一个理论的书籍。

首先我们来介绍“启发型书籍”的“《圣经》阅读（Bible Reading）法”吧。

37 “《圣经》阅读（Bible Reading）法”

要点1 分成小段阅读

一章15分钟，有时还可以两页用15分钟来整读。

要点2 反复阅读一本书

一生中反复阅读。

要点3 想象有真正的师父

阅读的时候想象作者真的在眼前与自己对话。

要点4 变成“自己的语言”

消化“师父的语言”，用自己的语言来讲述给别人。

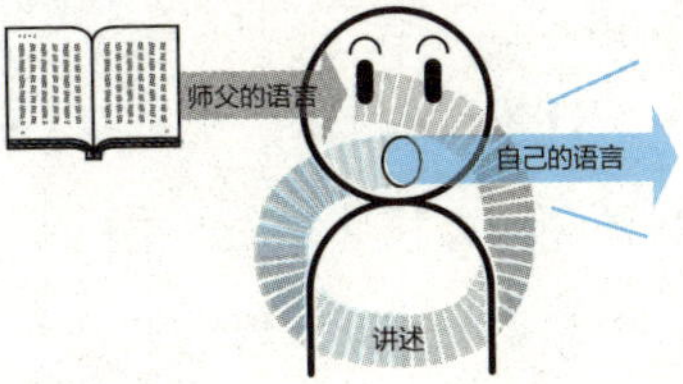

要点5 整读与熟读都要

进行整读的同时也要进行熟读。

POINT **从“人生的一本书”中找到能成为人生和工作奠基的“原点”与“坐标轴”。**

38 向师父请教式阅读②

◇用“《圣经》阅读（Bible Reading）法”阅读“启发型书籍”

【是该跳槽还是该在现在的公司里努力？】

你现在28岁，正为了应不应该跳槽而烦恼。该跳到别的公司，还是该在现在的公司里继续奋斗，你迟迟下不了决心。这个时候，你找“人生圣经”商量。

这里，我们用“《圣经》阅读（Bible Reading）法”来阅读京瓷集团创始人稻盛和夫的书——《成功方程式》。

步骤1　设立“问题”

“《圣经》阅读（Bible Reading）法”和“行动阅读（Action Reading）法”一样，第一步都是设立问题。

这次，我们的问题是：“28岁时跳槽的衡量标杆是什么？”

步骤2　筛选出3个建议

浏览目录，如果有感兴趣的词就翻到该页阅读。如果这一页上有回答设问的“答案”，那就填入三角形圆框中。这里我们选择的是这3条建议——“人生的目的”“原理阅读”“单纯化”。

步骤3　选出关键词

在16分割的表格中从左到右按“人生的目的”“原理阅读”“单纯化”的顺序依次填入与之相关的关键词。

在“人生目的”一栏中填入“人的本质=不变”“心满意足的人生=努力工作，为社会做出贡献”等关键词。

在“原理阅读”一栏中填入“作为人的道理”“从日常生活中得到的原理阅读”等。

在“单纯化”一栏中填入“很多人将简单的问题复杂化”“量多→精华”等关键词。

步骤4　整理关键词

整理填入16分割表格中的关键词。在比较重要的上面画上圆圈，将相互关联的关键词用箭头符号连接起来，加深对内容的理解。

然后，以此为基础，把刚才填入模板三角形圆框中的3个建议用更容易理解的形状进行图解。

把16分割表中填写的关键词，用箭头或者坐标等符号进行整理。

步骤5　整合成一个信息

最后，整合为一个信息。

针对问题——“28岁时跳槽的衡量标杆是什么？”

我们得到了“28岁开始的GPS”这个答案。

所谓GPS就是：

G—Goal 人生的目标

P—Principle 原理阅读

S—Simplicity 单纯化

就相当于在汽车和手机上使用的GPS一样。这些“G”“P”“S”就像导航系统一样，能成为跳槽，甚至以后人生的指针。

像我们这个GPS一样，试着把结论拼成有趣的词语，便于记忆。这样“28岁开始的GPS”就非常好理解了，而且容易记忆利于活用。

38 “《圣经》阅读（Bible Reading）法”的模板

步骤1 设立“问题”

步骤2 筛选出3个建议

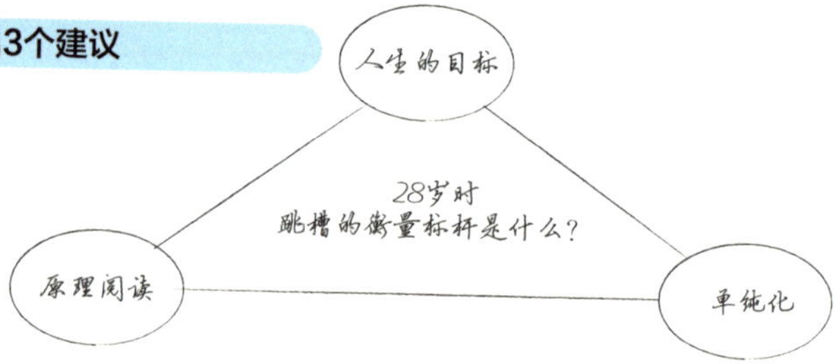

步骤3 选出关键词

人生的目的	原理阅读	单纯化
人的本质=不变	作为人的道理	很多人将简单的问题复杂化
心满意足的人生=努力工作，为社会做出贡献	从日常生活中得到的原理阅读	量多→精华

步骤4 整理关键词

步骤5 整合成一个信息

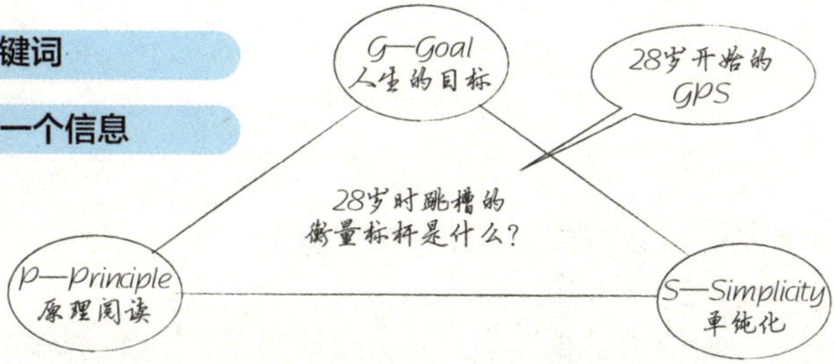

POINT 组合成有趣的词语，这样更利于记忆，使用起来也更容易。

39 向师父请教式阅读③

◇用“《圣经》阅读（Bible Reading）法”阅读“理论型书籍”

【如果让德鲁克草拟研修计划项目】

“理论型书籍”的“《圣经》阅读（Bible Reading）法”模板如第168-169页中所示，分为两个部分。上面笔记部分是32分割方格。因为有些内容超级丰富的书可能会有很多关键词。

下面是跟“Mapping1·2·3”类似的模板。中间的圆下面填写“问题”，上面填写“答案”（一个信息），从圆延伸出来的箭头顶端，从左上按逆时针旋转分别写有“What？”“Why？”“How？”“Next Step”。

接下来我们就开始“《圣经》阅读（Bible Reading）法”吧。

你是公司内部的培训项目担当。正当要实施下一起管理层研修的时候，你正在思考一个叫作“培养根本领导力”的项目。于是你决定阅读《卓有成效的管理者》一书的最后一章。

步骤1　设立“问题”，给出“假定答案”

首先，设立出下面这样的“问题”。

如果是德鲁克负责，他会怎样策划培养领导力的进修项目呢？

这次我们与往昔不同的一个做法是，在这个阶段我们就要找出“假定的答案”。这样一来，询问的问题也变得更加切实，更具有实感，由此得到的答案质量也会更高。

一边翻阅书籍一边找关键词，你发现他在书中写道“卓有成效”。于是，你把“卓有成效的习惯”作为“假定答案”填入模板中。

步骤2　选出32个关键词

选出与“假定答案”相关的关键词，填入“What？”“Why？”“How？”的方框中。

步骤3　标注重点强调的内容，标注信息之间的联系

将每一个关键词与假定答案“卓有成效的习惯”关联起来，强调起来，把零散的信息整理成为一个整体。

步骤4　导出一个信息

最后导出“真正的答案”=“一个信息”，如下：

提高“工作核心能力”

提高“自律和勇气”

将“卓有成效的习惯”坚持6个月

从这里起，我们终于开始填写模板的下面部分。

步骤5　填写“What?”“Why?”“How?”“Next Step”栏

接下来，我们对这个答案——“‘卓有成效的习惯’六个月培训项目”进一步思考。

"什么叫'卓有成效'?"(What?)

"为什么要有'卓有成效的习惯'?"(Why?)

"怎样才能形成这样的习惯?"(How?)

在这些问题的引导下，从32个关键词中各选3个填入方框中。然后在"How?"的地方，作者具体讲了5点，你就照原样填写进去(参照第168-169页)。

接下来，在下一步(Next Step)中填入具体行动。比如"将项目的方案通过邮件发送"等等。

这样一来，你就能够通过与师父的对话，获得超越自己的视角来思考问题了。

39 使用《经营者的条律》做内部培训策划书

- 步骤1 **设立"问题"，给出"假定答案"**
- 步骤2 **选出32个关键词**
- 步骤3 **标注重点强调的内容，标注信息之间的联系**
- 步骤4 **导出一个信息**
- 步骤5 **填写"What?""Why?""How?""Next Step"栏**

What?	Why?	How?	其他

一个信息：提高“工作根本能力”，提高“自律和勇气”，将“卓有成效的习惯”坚持6个月

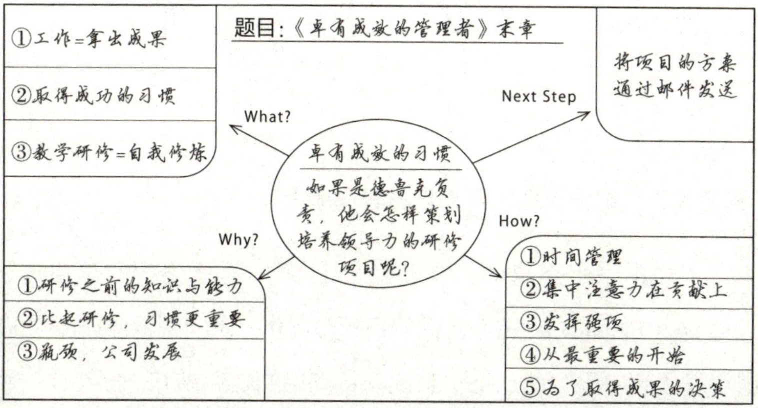

POINT

与师父对话，能够超越自己的视角来思考问题。

40 引导未来的阅读①

◇ “预见阅读（Visionary Reading）法”

【读了《整读笔记》后，制作视觉导向图】

最后我们要介绍的是将想法（目的）具体化的“预见阅读（Visionary Reading）法”。我们的目标是制作一页“视觉导向图”。所谓“视觉导向图”就是把“整读”得到的知识归纳在一张纸上，可以常常提示你的目的地在哪儿的强大工具。

通过“预见阅读（Visionary Reading）法”阅读的不单是市面上卖的书，还可以是你通过“整读”整理出来的笔记。我管这些东西叫作“黄金词典”。“黄金词典”里面积累了大量通过阅读而得到的知识。

从这里挖掘出你需要的知识，把这些知识进行打磨，将你的未来凝结在一张纸（视觉导向图）上。

那我们开始吧。使用“黄金词典”，将“原理阅读（Principle Reading）法”和“1 Action”“一个信息”等抽选到视觉导向图中（第173页中）。按照下面的顺序，把需要的要素填入：

①我的主题

②蓝图

③简单原则

④一个信息

⑤一个行动

我们先说明一下①到③。

如果你把你的人生当作一部电影，①“我的主题”就相当于这部电影的片名。设立好“我的主题是什么？”这一个问题后，我们就开始读《黄金词典》。

准备好××革命这个词，然后搜索能填入××中的词语。（参照第95页）。“××革命”是一个便利的工具，让你能找到令自己怦然心动的主题，让你想起“啊，这个我之前一直想做的”。

比如，星巴克的创始人霍华德·舒尔茨，他就可以叫作“咖啡革命”。软银创始人孙正义，他可以叫作“电子革命”。

或者你还可以不用“革命”这个词，用“维新”“创新”“进化论”等也可以，找到自己感觉最合适的表达方式即可。

把你找到的“我的主题”填入模板的最上面一栏中。

“视觉导图。”如果你的人生是一部电影，这个“视觉导图”就相当于电影的“预告片”。

电影中包含了一个由三幕构成的故事。

第一幕　现状中的问题是？

第二幕　怎样解决该问题？

第三幕　得到怎样的结局？

之所以人们一般在看到预告片之后就对电影有了整体印象，这是因为预告片里包含了第三幕的重点情节。因此，蓝图也要有三幕。

简单原理，也就是为了实现蓝图必须坚持的原理阅读。

选出五个从“原理阅读（Principal Reading）法”“万能阅读（Master Reading）法”“《圣经》阅读（Bible Reading）法”中得到的原理原则填入圆圈中。

按照这样的顺序填下去，“视觉导图”就完成了。

40 “视觉导向图”卡片的模板

阅读记录了整读收获的笔记本（黄金词典）

↓

①我的主题 → ②蓝图 → ③简单原则 → *

* → ④一个信息 → ⑤一个行动

按顺序填写“视觉导图卡片”

- 提出“我的主题是什么？”这个问题
- 从“黄金词典”中选出5个为了实现蓝图必须坚持的原理原则，填入各自的圆圈中
- 书写三幕
  ①现状中的问题是？
  ②怎样解决该问题？
  ③得到怎样的结局？

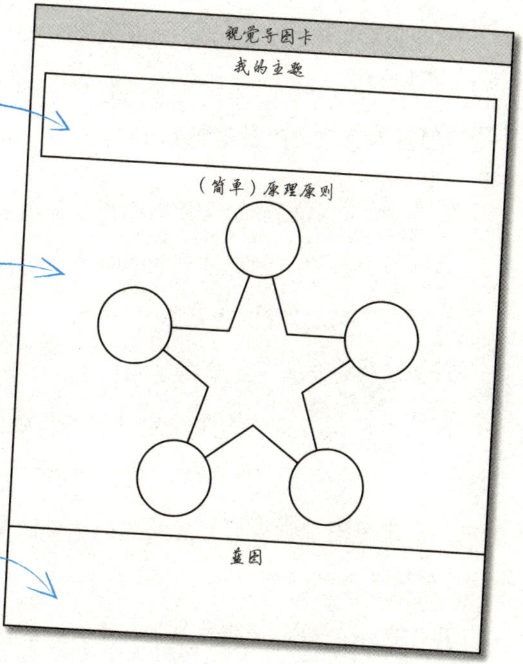

POINT

“视觉导图卡片”是将整读的收获归纳到一张纸上的最强工具。

41 引导未来的阅读②

◇制作视觉导图卡片

【寻找打开人生之门的五把钥匙】

在本节中，我们开始实际制作视觉导图卡片。

这次，我们以“创建自己的咖啡馆”为目标进行制作。

步骤1　寻找“我的主题”

首先，决定你人生电影的题目。

在这里，我们就改为是决定你想开设的咖啡馆的店名。我们使用第177页中的模板。准备好“黄金词典”，参考里面零星散落的关键词，选出里面你觉得可以成为你的主题的关键词，以“××革命”的书写形式写出来。

我们选出的候补关键词有：“早上的革命”“咖啡革命”“Smart革命”“沙拉革命”“一杯革命”“自我革命”“海之香革命”“元气革命”“更新革命”“Morning革命”“Episode革命”“清晨咖啡革命”等。

最后，我们选出的是“清晨海洋咖啡（Morning Ocean Cafe）”。

步骤2　描绘出目标蓝图

接下来，我们来写一个由三幕构成的故事。按照下面这样的故事骨架发挥想象力。

“要是能有一个这样的咖啡馆就好了，一个忙碌的商务人士光顾的，能够让人感受到那种清晨的大海一般给人带来爽快感和生命力的，像充电站一样的咖啡馆。”

按照上面这个提示发挥想象力写成由三幕构成的故事，然后填写进视觉导向图里。

步骤3　决定原理原则

原理原则可以以“原理阅读（Principle Reading）法”“万能阅读（Master Reading）法”“圣经阅读（Bible Reading）法”中我们总结出来的本质、原则、原理和师父教诲等为基础制作。

3—5个就足以。太多的话，反而无法实践，无法实践就没有意义了。把选出来的设定为一眼就能记住的简单形式。

三个就画成三角形记忆，四个就画成四方形，五个就用星形表示，这样记忆起来就很简单了。这次，我们参考了本书中的第3章、第4章中说明的整读法来总结后的知识。选择了5个，用星形来表示。

像这样，参考、总结了“自己的语言”的“黄金词典”，开始起草简单的原理原则。这样，我们就能理解书中作者所传递的知识和智慧，并能够加以实践。

这5个准则就是打开你人生之门的5把钥匙（万能钥匙）。

简单准则是解放自己可能性的东西。借用先人的知识与智慧，用自己的语言将其总结，然后打磨成5个准则。

像这样，视觉导向图就将你的思想具体化了。

41 “视觉导图”的制作方法

步骤1 寻找“我的主题”

写出关键词，从中编写出“我的主题”

早上的革命	咖啡革命	Smart革命	沙拉革命
一杯革命	自我革命	海之香革命	元气革命
	更新革命	Morning革命	Episode革命
WWWWWWWWWWWWW	WWWWWWWWWWWWW	WWWWWWWWWWWWW	WWWWWWWWWWWWW

↓ 抽取自己的主题

Morning Ocean Cafe

步骤2 描绘出目标蓝图

写出由三幕组成的故事

刚写好的清晨物语
享受海边朝阳的香味与元气
最美的清晨总是带着大海的芬芳到来。

步骤3 决定原理原则

从"黄金词典"重新获取灵感，书写简单的原理原则。
这5个原理就是打开人生之门的5把钥匙。（万能钥匙）

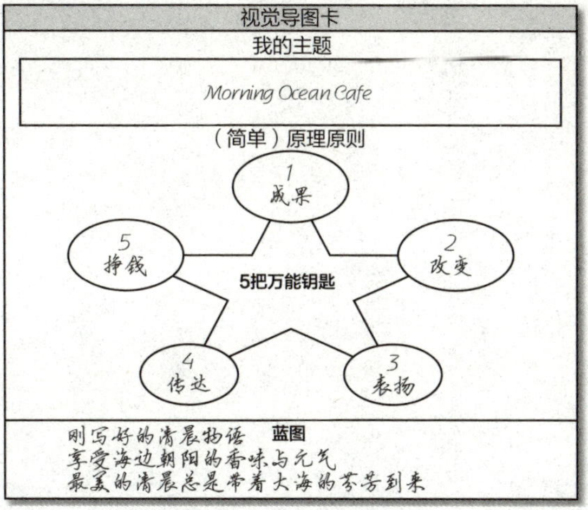

POINT

通过制作"视觉导图"，将自己的想法具体化。